NOTEBOOK
FOR STUDENTS & PUPIL

Hors d'œuvre

Canapé and Salad

Imperiale ~ Tokyo.

Hanada Tokyu Hotel

レセプションの canape の切方

1本の bread を たてに 12枚に切り
それ1枚にそれぞれの具をのせ glacé する
1枚を、角に切る時は上の図のやうに2ヶ
切れにしてその上に garnish をれいれいに
のせる。

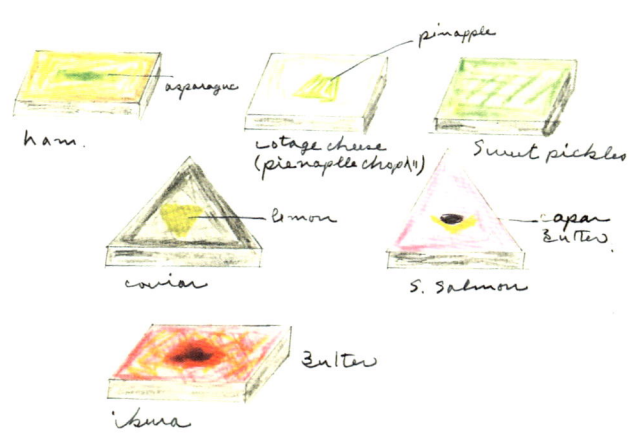

ham. / asparagus

pinapple / cotage cheese (pineapple chop切リ) / Sweet pickles

caviar / lemon

S. Salmon / capar & 3utter.

ikura / 3utter

チョップドサーモン カナッペ

クラム カナッペ

チーズケバブ（クリームチーズ、ブルーチーズ、青〇）

コンビネーションケバブ
（パイナップル、ミートボール、オリーブ、ピーマン）

キューカンバー オン イクラ

オクラオリーブ サン トースト（オリーブ、オクラ、〇〇）

スライス フランクフルト
（ハニーマスタード、ケチャップ）

ロールハム
（オリーブ、ピーマン、ピクルス）など
ハム

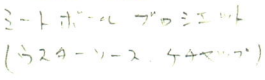
ミートボール ブッシェット
（ラスターソース、ケチャップ）

チキン竜田 から揚

アジマリネ、スイートピックルスのロール
(ロールモップ)

ソーセージに、チーズを
つめ、パン粉をつけ
揚げる。

フライドソーセージ

キューカンバーを
ブランシェーンテ
マリネーするとよい。

イクラインキューカンバー

プティンシュースターフ

紅白に折、上にそれぞれにデコレー

紅にはミートベンアカレ
白は クラブミート マヨネーズ

チキン ガランテン
1皿の 1/4

スタープは とりひき、レバーを挽き合せる
レバー、脂身、ピーマン、グリンピース

아버지의 레시피

아버지의 레시피

나카가와 히데코

BOOKS
LEBKUCHEN

여는 글

나의 출발점, 아버지의 레시피

2011년 첫 책 『셰프의 딸』을 내며 엉겁결에 작가가 되어, 지금까지 열아홉 권의 책을 냈습니다. 제 아버지가 그랬듯 저 역시 요리를 업으로 삼아 살아왔고, 책 속에서 자주 아버지 이야기를 해왔지만, 돌아보면 이야기의 중심은 늘 '나'였습니다. (첫 책 제목부터가 셰프의 '딸'이었으니까요!) 스무 번째 책인 『아버지의 레시피』 전면개정판을 내며, 이번에는 아버지에게 스포트라이트를 온전히 비추어 봅니다. 전후의 어려운 시절, 단 한 번도 맛본 적 없는 잡지 속 디저트를 보며 파티셰의 꿈을 키운 소년을, 호기심 많고 늘 새로움을 좇던 청년을, 남보다 반걸음 물러나 있는 것이 좌우명이던 중년의 아버지를 새롭게 만납니다. 초심으로, 출발점으로 돌아가는 듯한 기분에 저도 모르게 두 손을 모으게 됩니다.

아버지의 레시피 노트가 가득 담긴 상자를 국제우편으로 받았던 때가 떠오릅니다. 아버지는 동일본대지진 후 레스토랑을 닫은 참이었고, 저는 요리교실을 열고 활동을 넓혀가던 무렵이었습니다. 아버지의 60년 요리 인생을 담은 레시피 노트며 조리 도구를 정리하면서 크로켓이나 햄버그스테이크, 카레라이스 등을 요리교실에서 소개했고, 요리교실을 찾은 출판사 대표님의 제안으로 낸 책이 『아버지의 레시피』 구판입니다. 역시 과분한 사랑을 받아 이렇게 전면개정판까지 내게 되었습니다.

구판 출간부터 전면개정판 출간까지 5년 남짓한 시간이 흘렀습니다. 그리 긴 시간은 아니지만, 돌아보면 정말 많은 일이 있었습니다. 세상을 휩쓸고 지나간 팬데믹이 있었고, 그사이 대학생이던 두 아들은 졸업을 했습니다. 남편은 퇴직하고 인생 3라운드를 준비하며 출판사 대표를 비롯한 'N잡러'로 새로운 인생을 시작했습니다. 늘 사고뭉치였던 남동생은 마음을 잡고 결혼을 했습니다. 동생은 어머니의 치매에 팬데믹까지 겹친 힘든 시기에 아들 노릇을 제대로 했고, 어머니는 동생의 보살핌 속에서 마지막 나날을 보냈습니다. 혼자되신 아버지는 경증 치매 진단을 받고 양로원에 입소했고요. 변하지 않은 것도 있습니다. 아버지는 양로원의 작은 부엌에서 푸딩이나 파운드케이크 같은 간식을 만들고, 요리를 가르치는 봉사도 하며 남은 열정을 쏟고 있습니다. 이러한 변화 속에서 다시 찾아본 레시피도 있고, 추억을 들여다보게 한 요리도 있었습니다. 그 내용도 이번 개정판에 충실하게 담고자 했습니다.

구판이 있었음에도 전면개정판 준비에 적지 않은 시간이 걸렸습니다. 무엇보다도 아버지의 삶을 이해하는 시간이 필요했습니다. 이 책은 아버지의 어린 시절, 그러니까 제가 태어나기도 한참 전에 시작됩니다. 셰프이자 한 가정의 가장이기 이전에 한 사람으로서 아버지의 발자취를 정리한다는 게 생각만큼 쉽지 않더군요. 꼭 탐정이나 인류학자가 된 기분이었습니다. 한편으로는 늘 반항적인 딸이지만 제가 아버지를 참 많이 닮았구나, 하는 생각도 들었습니다. 아버지와 많은 시간을 보내고 인터뷰도 여러 번 했습니다. 죽기 전에 마지막으로 먹고 싶은 요리, 딸에게 꼭 만들어주고 싶은 요리, 가장 소중하게 여기는 레시피 등 전에는 하지 못했던 이야기도 나눌 수 있었습니다. 아버지는 아버지대로 자신의 역사를 정리하고 옛일을 회상하며 협조해주셨고요. 아버지에게 요리는 천직이라고만 생각했을 뿐, 그 천직을 유지하기 위해 경주한 노력에 대해서는 잘 알지 못했습니다. 마음속의 열정을 좇으려면, 좋아하는 일을 지키려면 얼마나 많은 노력이 필요한지 깨닫게 되었고, 이제 사회로 첫발을 내디딘 아들들에게 그 이야기를 들려주기도 합니다.

아버지의 레시피를 모두 꺼내어 처음부터 다시 정리하는 시간도 가졌습니다. 1970년대 레시피와 1980년대 레시피, 그 후의 레시피 등 아버지의 레시피도 조금씩 변해왔음을 확인할 수 있었습니다. 간혹 용량이나 설명이 부족한 레시피에는 저의 상상과 경험을 보충해 책에 싣고 요리교실에도 적극 도입했습니다. 정통 프렌치 셰프였던 아버지가 좀 더 편안하게, 일상적으로 만든 레시피도 새롭게 발굴했습니다. 특히 개정판에 새로 실린 '아버지의 이자카야 요리'는 아버지가 어머니에게 배운 요리이기도 합니다. 서로 멀리 떨어져 살고 어머니는 세상을 떠났지만, 이야기와 요리를 통해 가족이 다시 함께하는 것 같은 순간들이 있었습니다. 로스트 치킨, 로스트비프, 베를리너 도넛처럼 추억이 담긴 요리 이야기도 새로 썼습니다. 아버지가 마지막으로 셰프로서 섰던 이로도리 주방을 추억하며 프렌치 드레싱 이야기도 꺼내보았습니다. 딸기 오믈렛 케이크나 푸딩 이야기는 어려서부터 파티셰를 꿈꾸던 아버지를 위해 추가했고요. 딸기 오믈렛 케이크를 요리교실에서 소개했을 때 특유의 질감과 예쁜 모양 때문에 설렜던 기억이 납니다. 아이들을 생각해 다들 더 먹고 싶은 것도 꾹 참고 집에 가져간 기억도요. 콩소메 수프 수업 때는 달걀흰자로 수프를 맑게 하는 특유의 과정을 거칠 때 마음이 치유되는 기분이라는 이야기를 들었습니다.

이 책은 크게 에세이 파트와 레시피 파트로 나뉘어 있습니다. 쇼와시대부터 헤이세이시대까지, 60년이라는 시간을 요리라는 한 가지 열정으로 살아낸 이의 이야기로 읽어주셔도 좋고, 저마다 마음속에 품고 있는 열정을 발견하는 이야기로 읽어주셔도 좋습니다. 혹은 요리를 둘러싼

한 가족의 이야기로 보아주셔도 기쁘겠습니다. 에세이를 읽고 문득 요리를 만들어보고 싶다면 뒤에 있는 레시피를 찾아 만들어보면 어떨까요. 꼭 레시피 그대로 만들지 않아도 괜찮습니다. 좋아하는 재료도 넣고, 호기심과 상상력을 마음껏 발휘해보세요. 제 아버지가 그랬던 것처럼요.

그럼, 쇼와시대로 시간 여행을 떠나볼까요?

2025년 여름,

나카가와 히데코

차례

여는 글 나의 출발점, 아버지의 레시피 = 4
나의 아버지 나카가와 다모쓰 = 19

에세이

기억의 온도 + 옥수수 크림수프 = 38

부드러운 정성 + 베샤멜소스 = 44

한 그릇의 생명 + 콩소메 수프 = 50

달걀의 모든 순간 + 오믈렛 = 62

아버지의 보물상자 + 오르되브르 = 70

토요일의 기억 + 나폴리탄 스파게티 = 76

세대를 잇는 레시피 + 햄버그스테이크 = 82

한 조각의 위로 + 파인애플 포크소테 = 88

따뜻함을 감싼 바삭함 + 크로켓 = 94

천천히 시간을 들이다 + 비프스튜 = 100

호텔식과 집밥 사이 + 카레 = 106

자부심을 담은 프라이팬 + 돈가스 = 114

요리복을 입은 산타클로스 + 로스트 치킨 = 120

맛있다는 한마디 + 로스트비프 = 132

마법의 주문을 걸다 + 생선 요리 = 142

달콤한 꿈 + 디저트 = 148

행복을 채우다 + 베를리너 도넛 = 154

오후의 기다림 + 간식 = 162

어머니의 아침 식탁 + 이자카야 요리 = 168

셋이 함께 둘러앉은 밤 + 프렌치드레싱 = 176

레시피

옥수수 크림수프 195
바지락 차우더 197
에그 그라탱 199
콩소메 수프 201
플레인 오믈렛 203
비엔나롤빵 205
아버지의 카나페 207
나폴리탄 스파게티 209
토마토 스파게티 211
햄버그스테이크 215
파인애플 포크소테 219
게살 크림 크로켓 221
비프스튜 223
비프 카레 225
돈가스 덮밥 229
로스트 치킨 231
로스트비프 덮밥 233
가자미 버터 구이 235
레드와인 젤리 237

크렘 앙글레즈 파르페 239

요구르트 케이크 241

자몽 젤리 바스켓 243

크레이프 245

커스터드푸딩 247

소금 오니기리 249

애플파이 253

아몬드 파운드케이크 257

딸기 오믈렛 케이크 259

베를리너 도넛 261

흑돼지 연근 가라아게 263

가지 간장 조림 265

토마토 샐러드와 프렌치드레싱 267

시저 샐러드 269

양상추 샐러드와 사우전드아일랜드 드레싱 271

감자 샐러드 273

카레향 로스트비프 샐러드 275

中川保

나의 아버지

유치원 시절 가지고 다니던

빨간 장미가 그려진 알루미늄 도시락.

도시락을 열면 아버지의 오무스비와

어머니의 닭안심 가라아게가

나란히 들어 있었다.

**나의 아버지
나카가와 다모쓰**　　　　　　　　　　　　中川保

**1934-1950
어린 시절**

● 나의 아버지 '나카가와 다모쓰中川保'는 니가타 현 북서부의 섬 '사도가시마'에서 태어났다.

제주도 면적의 절반 정도인 사도가시마는 난류와 한류가 만나 사계절 어패류가 풍부한 곳이다. 고시히카리 쌀 재배지이며 세계농업유산으로도 지정되었다.

소년 시절의 아버지는 바쁜 부모를 대신하여 식사 준비를 도맡곤 했다. 식량난이 심각한 전쟁 후였지

만, 집에는 감자와 고구마, 무가 있었다. 아버지는 물고기를 잡고, 나의 할머니와 함께 밭을 일구고, 봄이면 뒷산에서 나물을 캐는 등 섬의 식재료를 부지런히 접했다. 쌀이 얼마 없을 때는 채소죽을 끓여 동생들을 먹였다.

아버지가 중학생이 되었을 무렵 '요리'라는 것이 본격적으로 등장했다. 신문이나 외할머니가 구독하던 여성지에 실린 요리 기사와 사진을 들여다보며 아버지는 '언젠가 나도 저런 음식을 만들 수 있을까?' 하고 상상하곤 했다. 그중에서도 파티셰가 되는 것이 아버지의 첫 꿈이었다.

1951-1953
도쿄 YMCA 호텔

● 아버지는 고등학교를 졸업하고 열여덟 살의 나이로 섬을 떠나 상경, 요리사의 길을 걷게 되었다. YMCA 호텔에서 요리복을 입은 선배님들 앞에서 면접을 치렀고, 곧바로 일을 시작했다. 난생처음 접하는 본격적인 요리의 세계에 눈이 휘둥그레진 것

도 잠시, 설거지부터 아침 식사, 크리스마스 파티 등을 맡으며 아버지의 요리 인생 첫해가 숨 가쁘게 흘러갔다.

1953-1964
도쿄제국호텔

● 이듬해 아버지는 주방장님의 추천을 받아 도쿄제국호텔(임페리얼 호텔)에 입사했다. 이곳에서 평생의 스승 무라카미 노부오 셰프를 만나게 된다.

도쿄제국호텔은 1890년에 개업한 역사 깊은 호텔이다. 도쿄 3대 호텔 중 하나로 불리며, 지금도 높은 평가를 얻고 있다. 메이지 시대에는 '일본의 영빈관'으로 불린 외교 거점이기도 했다.

아버지는 역시 설거지부터 시작해 룸서비스, 아침 식사(조식부), 수프, 각종 달걀 요리, 디저트 부서를 두루 거치며 열심히 일했다. 특히 디저트 부서에 배치되었을 때 가장 즐거웠다고 아버지는 회고한다. 프랑스 요리가 크게 유행하던 시절이라 프랑스어를 공부하고 예절 교육도 받았다.

프랑스 연수에서 돌아온 동료들이 육류와 생선, 지비에(사냥 고기), 유제품 등 평소 접하지 못하던 식재료를 소개했다. 이를 바탕으로 도쿄제국호텔은 1958년 '바이킹(뷔페 요리)'을 내놓는다. 일본 최초의 뷔페였다.

아버지는 아이스 카빙(얼음 조각)도 배웠는데, 얼음 조각을 할 수 있어야 진정한 프렌치 셰프라고 했다. 열심히 연습한 끝에 아버지는 조리사협회 주최 '아이스 카빙 콘테스트'에서 5위로 입상했다. 아버지는 올림픽으로 정신없이 바빴던 1964년 상반기까지 도쿄제국호텔에서 일했다.

아버지는 도쿄제국호텔에서 일하던 중 파리의 리츠칼튼 호텔에 파견되어 연수를 받았는데, 어린 시절 꿈이던 파티셰에 가까워진 이 시기를 가장 행복했던 순간 중 하나로 꼽는다.

1963
힐튼 호텔(연수)

● 아버지는 1년 동안 힐튼 호텔에서 연수를 받았다.

외국인 셰프 밑에서 글로벌 시스템을 배울 수 있는 기회였다. 아버지는 이곳에서 진짜 버터를 쓰는 법을 배우고, 제대로 된 플레이팅과 전채 요리도 익혔다. 버터의 풍미에 매료되어 방에서 혼자 버터 쓰는 법을 연습할 정도였다.

1964 - 1966
하네다 도큐 호텔

● 아버지가 다음으로 일한 곳은 하네다의 도큐 호텔이었다.
도쿄제국호텔과 도큐 호텔은 모든 면에서 달랐다. 처음에는 잔뜩 긴장했지만, 경력이 있는 수프를 맡게 되어 한시름 놓았다고 아버지는 회고한다. 그 후 연회부와 전채 요리 등을 맡았고, 평소 자신이 있었던 아이스 카빙을 맡게 되어 더욱 용기를 냈다.
호텔 창밖으로 다양한 국적의 비행기가 오가곤 했는데, 아버지는 비행기를 바라보며 이국의 삶을 상상했다. 도큐 호텔에서 플로리스트로 일하고 있던 나의 어머니를 만나 결혼했다.

1966-1969
몬 레스토랑

● 이바라키 현 히타치 시로 옮긴 아버지는 호텔 레스토랑 '몬'을 맡았다.
1967년, 맏딸 히데코가 태어났다.

1969-1972
다이게쓰 호텔 레스토랑

● 아버지는 무라카미 셰프님의 추천으로 지바 현 노다 시에 가게 되었다.
노다는 깃코만 간장으로 유명한 도시로, 아버지를 스카웃한 다이게쓰 호텔은 올림픽 이후 일어난 서양 요리 붐을 타고 프렌치 레스토랑을 열려는 참이었다.
아버지는 일하는 틈틈이 조리학교에서 강의를 했고, 주부를 대상으로 '나카가와 요리교실'을 열어 손쉽게 할 수 있는 서양식 가정요리도 가르쳤다. 깃코만 회사의 파티도 자주 열려서 열심히 준비했다.

1972-1975
주서독일 일본 대사관

● 아버지는 본에 있던 주서독일 일본 대사관 요리사로 파견되었다. 대사님이 가족 동반을 허락해주어서 결심을 굳힌 아버지는 다이게쓰 레스토랑에 양해를 구하고 곧 독일로 떠났다.

대사관에서 아버지는 총리 방문 등 중요한 행사가 있을 때마다 분주하게 열심히 일했다. 보조 직원이 있기는 했지만 요리사는 아버지뿐이었다. 짬이 날 때면 가족들과 함께, 혹은 히데코를 데리고 짧은 여행을 다녀오기도 했다.

1975-1980
사도 실버 빌리지 레스토랑

● 대사님의 임기가 끝남에 따라 귀국하게 된 아버지는 고향인 사도의 리조트 '사도 실버 빌리지'의 레스토랑을 맡게 되었다.

단체 손님들의 방문이 연일 이어지던 시절이었고, 이곳에서 열린 무라카미 셰프님의 디너쇼도 대성

황을 이루었다.

아버지는 해외에서 프랑스 요리를 알린 공로를 인정받아 자크 시라크 당시 파리 시장에게 상을 받았다.

1980-1986
나카가와 레스토랑

● 실버 빌리지를 떠난 아버지는 사도에서 작은 프렌치 레스토랑 '나카가와'를 열고 이곳에서 요리교실도 시작했다.

평소 관심을 두고 있던 디저트류에 마음껏 도전했고, 애플파이, 파운드케이크, 오렌지 케이크, 타르트 등을 구웠다. 케이크를 100개씩 만들어 배달하기도 했다.

레스토랑은 1986년쯤 문을 닫았다. 아버지는 고민 끝에 사도를 떠나기로 했다.

1986-1989
다이게쓰 레스토랑

● 도쿄로 간 아버지는 예전에 일했던 다이게쓰 호텔에 재입사해 프렌치 레스토랑을 맡기로 했다. 분주히 시설을 손보고 재개장 준비를 한 후 영업을 시작했다.

1989-1999
후지 스카이 리조트 레스토랑

● 아버지는 기후 지방의 골프 리조트 '후지 스카이 리조트'의 레스토랑을 맡았다.
결혼 피로연을 비롯해 뷔페 파티, 신입사원 연수 등이 이어지던 버블의 정점이었다. 무라카미 노부오 셰프님의 토크와 테이블매너 모임도 성황을 이루었다. 하지만 1995년 고베 대지진을 계기로 리조트 분위기가 점차 어두워졌고, 경기도 날로 악화되었다.

1999
정년퇴직

● 정년을 연장해 65세까지 일한 아버지는 리조트에서 정년퇴직했다.
다시 한번 현실 세계로 성큼 들어서는 기분이었다고 아버지는 회고한다.

2002-2011
이로도리 레스토랑

● 아버지는 도쿄 고토 구에 작은 레스토랑 '이로도리'를 열었다.
장비를 구입하고 식재료를 마련했으며 파트타임 직원도 한 명 두었다. 아버지는 평소 관심을 두고 있던 도자기와 사진, 공예품, 그림 등 다양한 전시를 열어 손님을 불러 모았다. 처음에는 손님이 적었지만, 반년 뒤부터 상당히 바빠졌다.
인기 메뉴는 오므라이스와 나폴리탄 스파게티, 각종 채소쌈이었다.

2011
은퇴

● 나이가 들어 레스토랑 운영이 힘에 부친 아버지는 2011년 8월, 60년 요리 인생을 정리하고 이로도리를 닫기로 했다. 그해 3월에 있었던 동일본대지진의 영향도 있었다. 레스토랑 주방을 떠난 아버지는 요리교실을 시작한 내게 소중히 간직해온 레시피 꾸러미를 보냈다.

essay

에세이

1인용 도나베.*

한쪽 손잡이가 깨져서 임시로 붙여두었다.

이제 가열할 수는 없지만

추억이 많아 간직하고 있다.

* 일본식 뚝배기

기억의 온도

옥수수 크림수프

셀 수 없이 많은 추억이 희미해지는 와중에도, 흔들리는 식당차에서 조심조심 떠먹던 옥수수 크림수프만은 또렷한 건 왜일까. 아버지가 만들어준 것보다는 맛있지 않았을 옥수수 수프의 맛과 아버지의 미소… 그 기억들이 내 안에서 씨줄과 날줄처럼 교차된다.

니가타 현 사도가시마에 있는 할머니 댁으로 가는 길은 기나긴 여행이었다. 도쿄에서 기차를 타고 니가타 시에서 페리로 갈아탄 후 사도가시마 항구에 도착하면 다시 흔들리는 버스를 타고 한 시간을 가는, 하루를 온전히 들여야 하는 여정이었다. 여름방학 때면 호텔에서 바쁘게 일하는 아버지 대신 엄마의 손을 잡고 사도가시마를 향해 길을 나서곤 했다. 할머니의 선물로 빵빵해진 배낭을 잔뜩 짊어지고 도쿄로 돌아오던 기억도 난다. 그리고 다섯 살이 되던 그해, 나는 아버지와 단둘이 이 여정을 함께했다. 네 살 터울이 나는 남동생이 태어난 직후여서 아버지와 나, 둘이서만 '도키 호' 열차를 타고 할머니 댁을 찾은 것이다.

  그때를 떠올리면 도키 호 식당차의 잘 다림질된 빳빳하고 새하얀 테이블보와 내 목에 둘러진 하얀 냅킨에서 풍기는 드라이클리닝 냄새가 가장 먼저 떠오른다. 조에쓰 신칸센이 개통되기 전까지 도쿄 우에노 역과 니가타 역을 잇던 당시의 도키 호는 진동이 매우 심했다. 흔들리는 기차 속에서 고풍스러운 접시에 담긴 옥수수 크림수프를 스푼으로 떠 입으로 옮기는 일은 다섯 살인 내게 쉽지 않았다. 게다가 서너 살 때부터 '페차코 짱'(초등학생의 일상을 그린 이마무라 요코今村洋子의 만화 제목이자 작품 속 주인공의 이름)이라고 불릴 만큼 수다스러웠던 나는 아버지에게 온갖 이야기를 끊임없이 조잘댔을 것이다. 기차가 흔들리면 스푼에 담긴 수프가 목에 두른 냅킨에 주르르 흘렀고, 머리카락 타래가 접시에 풍덩 빠지곤 했다. 세월이 반세기 가깝게 흐른 지금, 그때 옥수수 수프 말고 무엇을 먹었는지 기억나지 않지만, 내 머리가 수프에 빠진 일만큼은 확신할 수 있다. 기차에서 내린 후에 머리카락 끝을 핥았더니 고

소한 옥수수 맛이 났기 때문이다. 야단 한번 치지 않고 눈가에 웃음을 머금은 채 내 머리카락에 붙은 크림수프를 가만히 닦아주던 아버지의 모습이 지금도 마음 깊이 남아 있다.

전국 곳곳의 청년들이 새로운 꿈을 품고 도시로 떠나던 1950년대는 말 그대로 이촌향도離村向都의 시절이었다. 열여덟 살이 된 아버지 역시 고향을 떠나 커다란 가죽 가방을 들고 도쿄로 향했다. 우리가 내려간 그 길을 거슬러서, 도키 호를 타고. 사도의 주요 항구인 료쓰 항에 오색 테이프가 휘날려 장관을 이루었다고 아버지는 종종 회상했다. 그렇게 YMCA 호텔 수습생으로 들어간 아버지의 첫 임무는 물론 설거지였다. 그리고 그 주방에서 아버지는 옥수수 수프와 마주하게 된다. 고향에서는 삶은 옥수수나 구운 옥수수가 전부였는데, 호텔 주방에서는 수프를 만들고 있었던 것이다! 냄비에 버터를 넣고 잘게 썬 양파를 볶아낸 다음 다시 밀가루와 함께 가볍게 볶은 후 부용Bouillon을 부어 묽게 만든 후 칼로 도려낸 옥수수 알갱이를 넣어 끓인다. 마지막으로 건더기를 갈아내고 간하면 옥수수 수프가 완성된다. 간단한 조리법이지만, 아버지에게는 신선한 충격으로 다가왔으리라.

　　아버지의 두 번째 직장인 도쿄제국호텔에서는 옥수수 크림수프에 스위트콘 종류를 사용해 은은한 단맛과 감칠맛을 냈다. 7, 8월에 나오는 노란 옥수수를 쓰면 그 시기에만 먹을 수 있는 제철 수프가 되지만, 평상시 집에서 요리할 때면 아버지도 크림 스타일 옥수수 통조림(콘크림)을 쓰곤 했다. 아버지가 내게 보내준 레시피에도 '콘크림 깡통 1캔'이라고 적혀 있다.

　　옥수수 크림수프를 좋아하는 나를 위해 아버지는 일터에서 만든 옥수수 크림수프를 작은 비닐봉지에 담아 가져오곤 했다. 그런 다음 날이면 엄마가 우유를 부어 묽게 만든 옥수수 크림수프와 달걀 프라이, 토스트로 차린 성대한 아침상이 기다리고 있었다. 내가 장성해 해외를 돌아다니며 살게 되자 아버지는 옥수수 크림수프 레시피를 적어 항공우편으로 보내주었다. 내가 결혼한 후 친정에 머물다 서울로 돌아가는 날이면, 아버지는 넉넉히 만들어 꽁꽁 얼려둔 옥수수 크림수프를 내 가방에 슬쩍 넣어주었다. 내 아이들은 아버지의 옥수수 크림수프를 이유식으로 먹었고, 그 맛은 대를 이어 전해졌다. 장성한 아들들도 이유식 시절부터 먹던 '할아버지의 옥수수 크림수프'를 사무치게 먹고 싶어할 때가 있다.

한국에서는 '옥수수 수프'라고 하면 대개 특정 브랜드에서 나온 인스턴트 수프부터 떠올린다. 직접 부용을 끓이는 집도 많지 않은 것 같다. 그래서일까. 옥수수 통조림 역시 알갱이로 된 것만 눈에 띈다. 20년 동안 알갱이 통조림을 끓여서 믹서로 갈기도 하고 이런저런 시도를 해봤지만, 도무지 콘크림 통조림의 단맛이 나지 않았다. 그래서 아버지의 옥수수 크림수프가 미친 듯이 먹고 싶어질 때면 사러가 마트의 '미제 아줌마'를 찾아가 미국에서 직수입한 콘크림 통조림을 비싼 값에 사곤 했다. 한참을 망설이다가 '어쩔 수 없지, 옥수수 크림수프를 냉동 보관할 만큼 많이 만들 수도 없고…' 하며 달랑 두 캔만 사서 돌아오는 것이다. 그런데 품종개량을 통해 당도를 높인 '초당 옥수수'가 등장한 몇 년 전부터 상황이 달라졌다. 이제 나는 수습생 시절의 아버지처럼 노란 초당 옥수수를 들고 알갱이를 도려낸다. 그렇게 여름 한정으로 만든 신선한 옥수수 크림수프는 차갑게 먹어도 맛있어서 우리 집 여름 별미로 자리 잡았다.

> 부드러운 정성
>
> # 베샤멜소스

　크림수프의 기본 레시피는 의외로 간단하다. '우선 양파를 잘게 썰어 버터에 볶고, 밀가루를 넣어 가볍게 한 번 더 볶는다. 베샤멜소스bechamel sauce에 부용을 넣어 묽게 한 후 채소나 콩 퓌레, 우유를 넣어 끓인 후 생크림으로 마무리한다.' 아버지와의 추억이 깃든 옥수수 크림수프도 비슷한 방법으로 만들 수 있다. 써놓고 보니 도쿄제국호텔의 옥수수 크림수프도 참 쉽게 느껴진다. 하지만 베샤멜의 루roux를 만드는 것부터가 호락호락하지 않다. 버터로 밀가루를 볶을 때 '절대' 태워서는 안 되며, 부용을 부을 때 덩어리가 지지 않도록 나무 주걱으로 잘 섞어야 하니 말이다. 요리교실에서도 늘 하는 말이지만, 하나의 요리를 "아! 이 맛이야!" 하고 의기양양하게 미소 짓는 수준까지 완성하려면 몇 번이고 반복해서 만들어보아야 한다. 나는 아버지의 맛을 아이들에게 알려주고 싶어서 수도 없이 베샤멜소스를 만들고 옥수수 크림수프를 끓였다. 하지만 "그래, 이거야, 이거!" 하고 생각할 만한 맛을 낸 건 비교적 최근의 일이다.

내게는 아버지와의 추억이 담긴 수프가 하나 더 있다. 옥수수 대신 바지락과 깍둑썰기한 채소를 넣고, 어패류를 우린 부용과 베샤멜소스를 이용해 만든 아메리칸 스타일 차우더이다. 어렸을 때 나는 우유 소화에 어려움을 겪곤 했다. 차우더는 그런 나를 위해 아버지가 개발한 '맞춤 영양식'이다. 사도가시마는 굴 산지로 유명해서, 그곳에 살 때는 아버지가 바지락 대신 영양이 풍부한 굴을 넣은 수프를 자주 끓여주었다. 나 역시 한겨울이 되어 굴이 나오기 시작하면 아버지의 레시피로 굴 차우더를 만든다. 베샤멜소스에 굴 육수가 미묘하게 녹아들어 바다 내음이 아련하게 감도는 수프다.

도쿄제국호텔에 입사해 세척실, 채소 작업대, 조식 담당 부서 등을 두루 경험한 아버지가 다섯 번째로 배치된 곳이 바로 수프 부서였다. 당시 도쿄제국호텔은 매일 여섯 가지 수프를 준비했다고 한다. '일본 최초' '업계 최초'를 수도 없이 도입한 도쿄제국호텔은 직원에게도 최고의 대우를 제공하기 위해 사내 복지제도를 마련한 선두 주자였다. 호텔의 역사와 호텔에서의 시간에 대해 이야기하는 아버지의 얼굴에 생기가 감돈다. '거대한 수프 냄비를 천천히 저으며 호텔이 걸어온 여정을 함께했단다' 하고 이야기하는 것만 같다. 수습생이었던 아버지는 업무가 끝나면 출입카드를 찍어 퇴근한 척하고 주방 뒷문으로 되돌아가곤 했다. 다음에 배치될 부서로 슬쩍 들어가 그곳의 설거지를 하며 선배들이 만드는 요리를 훔쳐보고, 조금이라도 빨리 익숙해지도록 미리 대비했다는 것이다.

얼마 전에 아버지를 뵙고 요리 이야기를 나누다가 개인적으로 가장 좋아하는 음식이 무엇이냐고 물었다. 아버지는 망설임 없이 "단연 크림 계열! 베샤멜소스를 이용해서 만드는 요리지"라고 대답했다. 그러면서 이렇게 회상했다.

"너희 엄마가 치매로 식욕을 잃고 고생할 때 내가 베샤멜소스로 에그 그라탱을 만들어줬지. 영양가가 높아서 노인들에게 아주 좋거든."

그런데 생각해보니 어머니는 베샤멜소스를 그렇게 좋아하지 않으셨던 것 같아서 나도 모르게 웃음이 나왔다.

아버지의 레시피 노트에는 쇼와시대의 주부를 대상으로 요리교실을 열었을 때 사용한 에그 그라탱 레시피가 실려 있다. 어렸을 때 몇 번인가 먹어본 그 에그 그라탱은 이제 나의 요리교실 인기 메뉴가 되었다. 아버지의 에그 그라탱은 파스타에 우유와 생크림, 치즈를 뿌리고 오븐에 굽기만 한 것이 아니다. 양파를 정성껏 볶아 베샤멜소스를 더하고 햄과 새우, 펜네 같은 쇼트 파스타를 섞은 다음 삶은 달걀 여섯 개를 반으로 갈라 그라탱 접시에 올린다. 마지막으로 그뤼에르Gruyère 치즈를 갈아 올린 후 오븐에 넣는 것이다. 베샤멜소스의 감칠맛과 삶은 달걀의 궁합이 절묘하다. 따끈따끈한 에그 그라탱을 후후 불면서 먹는 맛도 좋지만, 차가운 화이트와인과 함께해도 훌륭하다.

이번 주말에는 '나의 베샤멜소스로 만든 아버지의 에그 그라탱'을 만들어볼까.

> 한 그릇의 생명

콩소메 수프

 '아버지표 콩소메 수프'가 어떤 맛이었더라…. 기억이 잘 나지 않는다. 콩소메 수프의 위대함에 눈뜨지 못하고 어른이 되어버린 나다.

"엄마가 끓이는 다시 국물하고 똑같잖아. 수프라면서 재료도 몇 안 들어가고, 분명 맛이 없을 거야."

저녁이면 어머니는 다시마와 가다랑어포로 국물을 내는 것으로 식사 준비를 시작했다. 맑고 은근한 향이 감돌던 어머니의 국물. 하지만 나는 다시 국물이나 콩소메에는 재료가 안 들어가서 별로라는 둥, 좋아하는 옥수수 크림수프에 비하면 풍미가 덜하다는 둥, 이런저런 핑계를 대며 콩소메 수프를 입에 대지 않았다. 돌아보면 제법 반항적인 딸이었지만, 그래도 가끔은 부엌에서 어머니를 도왔다.

"히데코, 콩소메 좀 갖다줄래?"

어머니의 조미료 케이스에는 '아지노모토味の素 KK 콩소메맛 가루'가 상비되어 있어, 서양풍 요리를 할 때면 그 작은 알갱이를 냄비에 톡톡 넣었다. 그런 까닭에 한동안은 '콩소메' 하면 아버지의 콩소메 수프가 아닌 아지노모토 조미료부터 떠오르곤 했다.

"아빠의 콩소메 수프는 진짜 도쿄제국호텔의 맛이야. 다른 사람은 그 맛을 못 내거든."

어머니에게 콩소메 수프는 비프스튜처럼 '아버지의 영역'에 속하는 요리였다. 완고한 성격에 완벽을 추구했던 어머니는 아버지의 '프로의 맛'을 대단히 의식했다. 내가 요리교실을 시작했을 때도, 요리교실에서 로스트비프를 굽고 포타주를 만든다고 말씀드렸을 때도 잘한다는 칭찬을 들은 적이 없다.

"히데코 네가 요리를 가르친다고? 네가 구운 로스트비프는 프로인 네 아빠가 구운 거랑은 다를 텐데."

어머니는 에도시대부터 이어진 조동종曹洞宗 주지의 딸이다. 스님인 아버지에게 엄격한 선禪의 가르침을 받으며 자란 어머니는 스스로에게나 자식에게나 늘 엄격했다. 프로 요리사로서 훈련받지 않았으니 아버지 같은 맛은 낼 수 없다. 그런데 남을 가르치는 게 가능한 일이냐…. 그렇게 묻는 어머니의 엄격한 잣대는, 내가 요리 연구가로서 겸허한 마음을 유지하고 식재료를 우러르는 태도를 새기는 데 하나의 지침이 되어주었다.

프랑스 요리에서는 수프류를 통틀어 '포타주'라고 한다. 그 어원은 '냄비pot'로, 냄비로 끓이는 것이나 끓인 상태를 가리킨다. 한국과 일본에서는 베샤멜소스나 우유, 생크림을 더한 걸쭉한 수프를 통틀어 '포타주'라고 부르는데, 아버지는 정확한 표현은 아니라고 늘 강조했다. 아버지의 낡은 레시피 노트를 펼쳐보니 이렇게 쓰여 있다.

A. 포타주 클레르 potage claire

농도를 더하는 재료를 넣지 않은 맑은 수프. 부용 bouillon 재료로는 소고기, 닭고기, 어패류, 갑각류 등을 쓰며, 이 재료로 만든 부용에 다른 재료를 더해 투명하게 끓여낸 것이 콩소메이다. 주재료와 수프 건더기에 따라 풍미와 명칭이 달라진다.

    a. 부용   b. 콩소메 consommé

B. 포타주 리에 potage lié

농도를 더하는 재료를 더해 걸쭉한 상태로 끓여낸 수프. 포타주 클레르처럼 부용 재료로 소고기, 닭고기, 어패류, 갑각류를 쓴다. 리에는 다시 다섯 가지로 나뉜다.

    a. 퓌레 purée
    기본 부용 베이스에 곡류, 채소, 콩류의 전분질로 농도를 더한 것.

b. 벨루테 veloute

'벨루테'란 '벨벳'이라는 뜻. 베샤멜소스에 맑게 끓인 부용을 더해 묽게 만든 것에 채소와 콩 퓌레를 더하고, 달걀노른자로 농도를 더한 뒤 크림으로 마무리한다.

c. 크렘 créme

베샤멜에 퓌레를 더한 것을 우유로 묽게 해 크림으로 마무리한다.

d. 콩소메 리에 consommé lié

각종 부용에 달걀노른자로 농도를 더한 것. 건더기 재료는 거의 넣지 않는다.

e. 포토푀나 미네스트로네와 같은, 다양한 재료를 듬뿍 넣어 부용과 함께 끓인 것. 19세기 이전에는 수프의 원형이었다. 서양식 국이라 할 수 있다.

아, 이렇게 정리가 되는구나! 새로운 지식을 얻은 기분이다. 아버지다운 해석과 표현으로 정리된 노트 군데군데에 프랑스어가 필기체로 쓰여 있다. 도쿄제국호텔 시절, 아버지는 오차노미즈의 학원에서 1년간 프랑스어를 배웠다. 상급 코스까지 열심히 들었는데, 시간이 부족해 예습, 복습을 못 해 결국 낙제했다며 여든이 넘은 지금까지 억울해한다.

아버지가 수프 부서에서 처음 만든 것은 바로 부용이었다. 한국 요리의 육수, 일본 요리의 다시에 해당하는 것이니 수습생에게는 당연한 수순이었으리라.
"소 힘줄, 닭 뼈, 셀러리 듬뿍, 당근, 양배추, 양파 같은 채소, 부용 큐브 넣은 것을 한 냄비에 넣고 끓였지. 한 시간 정도였나. 그래, 끓기 시작하면 물을 더해주고 약불에서 떠오르는 거품을 꼼꼼히 제거해주는 게 중요하단다, 하하!"
아버지의 이야기를 듣고 나는 깜짝 놀랐다. '도쿄제국호텔에서 부용에 인스턴트 큐브를 넣었다니, 이거 충격인데! 그럼 나도 요리교실에서 한번 넣어볼까?'

부용을 만들고 나면 다음은 콩소메다. 프랑스어로 '콩소메consommé'는 '완성됐다'는 의미로 중세부터 있던 말이라고 한다. 아버지가 콩소메 수프 만드는 법을 신나게 설명한다.

"깊은 냄비에 채 썬 채소, 달걀흰자, 물 약간, 식힌 부용 약간을 넣고 손으로 반죽하듯 섞어줘. 다 섞으면 남은 부용을 부어서 섞고 불에 올리지. 처음에는 강불로도 괜찮지만, 냄비 바닥 쪽을 잘 섞어줘야 해. 가장자리에 하얗게 거품이 일면서 재료가 전체적으로 정돈되면 그때부턴 섞지 말고. 팔팔 끓어오르지 않게, 은근하게, 조용히 1시간 정도 끓이면 완성이야. 하하! 그렇게 끓여서 천천히 천에 거르는데, 맑은 황금빛으로 근사하게 걸러지면 정말 기분이 좋단다. 콩소메 맛이 제대로다 싶어야 마음이 놓이는 법이지. 냉장고에서 식히면 젤리처럼 되는데, 젤라틴이나 칡가루를 더해 젤리처럼 만들어도 괜찮아."

아버지가 설명했듯 콩소메는 소고기, 닭고기, 어패류 등으로 부용을 만들어 지방이 적은 고기나 채소, 달걀흰자를 더해 끓여내는 수프다. 탁한 느낌 없이 맑은 호박색 콩소메 수프에 달걀흰자를 넣는 이유는, 달걀흰자가 불

순물이나 지방을 흡수해 굳어지는 성질을 갖고 있기 때문이다. 레드와인을 정제할 때 달걀흰자를 쓰는 것과 같은 원리다. 수많은 손님에게 콩소메 수프를 내려면 엄청나게 많은 달걀흰자가 필요했을 텐데, 그럼 남은 노른자는 어쩌지? 1977년에 나온 무라카미 노부오 셰프님의 요리책 『무라카미 노부오의 서양 요리村上信夫の西洋料理』를 보니 16세기경 디저트로 아이스크림을 만들면서 달걀흰자가 남는 바람에 콩소메 수프 레시피가 탄생했다는 설이 있다고 한다. 그러나 정확히 언제부터 콩소메 수프를 먹었는지는 기록되어 있지 않다. 그러다 19세기가 되어 요리사 앙투안 카렘이 수프 요리법을 체계화했고, 콩소메 수프는 포타주 클레르(맑은 포타주)로 분류되었다. 이후 프랑스 혁명을 거쳐 레스토랑 업계가 발전하면서 콩소메 수프는 전채 요리와 어깨를 나란히 하는 중요한 요리로 자리 잡았다. 일본에서는 메이지시대에 양식이 보급되며 콩소메 수프가 널리 알려졌고, 무라카미 셰프님에 따르면 "요리의 1번 타자, 즉 다음에 나오는 요리의 맛을 살리는 역할"을 맡아 지금도 프랑스 요리 레스토랑 메뉴에 예외 없이 올라 있다.

아버지의 콩소메 이야기에 빠져든 나는 도쿄제국

호텔 레시피를 바탕으로 한 아버지의 콩소메 수프를 재현해보기로 했다. '콩소메 드 볼라예Consommé de volaille', 즉 치킨 콩소메를 만들 때는 닭 뼈를 쓰기 위해 닭 해체부터, '콩소메 드 뵈프Consommé de bœuf', 즉 소고기 콩소메는 정육점에 소뼈 주문부터 해야 한다! 요리교실 수업이 없는 날, 스튜디오 부엌에서 혼자 닭을 해체하면서 혼잣말을 중얼거렸다. '요리교실에서 이 레시피를 가르쳐도 될까? 이렇게 시간과 품을 들여 수프를 만들 사람이 과연 있을까?' 혹시나 싶어 쿠팡에 검색해보니 놀랍게도 국물용 닭 뼈를 팔고 있다. 그런데… 최소 주문량이 3킬로그램이다. 개인적으로 사서 쓰기는 힘들겠구나, 하는 생각이 들었다.

그때 문득 책장 깊이 꽂아둔 『당신을 위해: 생명을 부지해주는 수프あなたのために: いのちを支えるスープ』가 생각나 꺼내서 훑어보았다. 좋아하는 일본의 요리 연구가 다쓰미 요시코辰巳芳子의 유명한 책이다. 언젠가 제대로 살펴봐야지 생각했는데, 역시나! 콩소메 수프를 더 쉽게 만드는 방법이 꼼꼼히 적혀 있었다. 부용

부터 만들 필요 없이 물만 써서 한국이나 일본 요리에서 널리 쓰이는 말린 표고버섯과 다시마를 더해 끓이는 것이다. 소뼈나 닭 뼈 대신 굵게 간 다진고기를 쓴다. 다쓰미 선생님의 콩소메 수프 레시피를 보고 어깨가 가벼워졌다. 이 책에는 채소만으로 끓이는 채식 콩소메 수프 레시피도 소개되어 있다.

그렇게 나는 아버지의 도쿄제국호텔 콩소메와 다쓰미 선생님의 콩소메 레시피를 합친 다음 조금씩 조절해 나만의 콩소메 레시피를 완성했다. 가나자와의 양로원에 있는 아버지에게 가장 먼저 맛보이고 싶었지만 마음처럼 바로 전하지는 못했다. 대신 서울의 제자들, 친구들의 부모님이 편찮아 입맛이 없을 때, 항암치료로 입이 헐어 잘 씹지 못할 때 드시도록 지퍼백에 담아 냉동한 콩소메 수프를 건넸다. 조금씩 해동해 드시게 하라고 당부하면서. 체력이 떨어지는 고령자에게는 고단백이 필수다. 콩소메 수프는 다쓰미 선생님 말씀대로 생명을 유지하는 한 그릇인 셈이다.

2년 전, 어머니가 돌아가셨다. 오래 치매를 앓다가

산책 중에 넘어지셨는데, 그길로 감염되어 어찌해볼 새도 없이 떠나셨다.

"아버지, 엄마 돌아가시기 전에 마지막으로 해주고 싶은 요리가 있었어?"

"영양이 풍부한 베샤멜소스가 좋겠어. 하하! 그러고 보니 네 엄마한테는 달걀 요리도 필요한데."

아버지는 아내의 죽음을 받아들이셨던 걸까. 나에게는 그렇게 보이지 않았다. 어머니는 분명 아버지의 콩소메 수프를 드시고 싶으셨을 텐데…. 그러고 보니 나 역시 어머니에게 내 콩소메 수프를 대접하지 못했다. 뉘우쳐도 소용없는 일이다. 다음에 가나자와에 갈 때는 아버지에게 나의 콩소메 수프를 꼭 선물하고 싶다.

달걀의 모든 순간

오믈렛

"일본 할아버지가 만들어주신 요리 중 뭐가 제일 좋아?"

"당연히 오믈렛하고 스크램블드에그지!"

당연히 햄버그나 새우튀김이라는 대답이 나올 줄 알았던 나는 아이들의 의외의 대답에 조금 놀랐다. 그도 그럴 것이 나는 어렸을 때부터 달걀을 별로 좋아하지 않았다. 달걀 특유의 비린내나 볼에 달걀을 깨 넣을 때의 느낌이 싫기도 하고, 흰자에 노른자가 눈알처럼 떠 있는 모양이 어딘지 징그러워 보였다. 아버지가 보드라운 반숙 오믈렛을 만들어도 "에이, 난 달걀말이가 더 좋은데…" 하고 투정을 부리기도 했다. 그러면서도 아버지가 황금 같은 휴일에 우리 집 주방에서 작은 철제 프라이팬에 버터와 샐러드유를 듬뿍 넣고 가열한 후 달걀물을 주르륵 붓는 소리에 귀를 기울이곤 했다. 가열된 달걀이 재빨리 둘둘 말리는 모습을 보는 것은 대학생이 된 뒤로도 즐겁게 바라보던 장면이었다. 프라이팬에 달걀물을 넣고 30초. 절묘한 불 조절로 순식간에 말랑말랑하게 완성되는 아버지의 오믈렛은 거의 예술 작품이었다.

첫 직장인 도쿄 YMCA 호텔 주방에 수습생으로 들어간 아버지는 프랑스 조리도구 이름부터 외워야 했다. 사도가시마에서 어린 동생들에게 밥을 해준 경험도 있고 도예에도 흥미가 있었던 아버지는 원체 손재주가 좋았던 모양이다. 아직 수습생인 아버지에게 선배들은 곧 채소 밑손질을 맡겼고, 바닐라 아이스크림과 커스터드푸딩 만드는 법도 가르쳐주었다. 때문에 아버지에게 첫 달걀 요리는 사실 오믈렛이 아닌 아이스크림이었다. 쇼와 30년대(1955-1964)의 호텔에서는 통에 얼음을 가득 채우고 바닐라 크림을 용기에 담은 다음, 얼음에 암염을 뿌려가며 굳히는 방식으로 아이스크림을 만들었다. 나 역시 딸기가 제철일 때면 요리교실에서 딸기 아이스크림을 만든다. 달걀노른자와 생크림, 설탕을 차갑게 식히며 믹서로 굳히는데, 시간이 적잖게 걸려서 수강생들과 교대로 믹서를 돌린다. 암염을 얼음에 뿌려서 차갑게 굳히는 방법은 아버지에게 들어서 알고 있었지만, 아버지가 호텔에서 배운 첫 달걀 요리가 바닐라 아이스크림이었다는 건 전혀 예상 못 했다.

아이스크림 다음으로 역시 달걀이 듬뿍 들어가는 커스터드푸딩을 맡은 아버지는 디저트로 나가는 커스터드푸딩을 거의 매일 만들었다. '할아버지의 오믈렛과 스크램블드에그'를 무척 좋아하던 어린 아들들은 분명 '할아버지의 커스터드푸딩'도 엄청나게 좋아했으리라. 친정을 방문했다가 서울로 돌아오는 새벽이면 아버지는 손자들의 가방에 차갑게 냉장해서 아이스팩으로 감싼 푸딩을 가득 채워주었다. 도시에 사는 손녀를 위해 섬에서 딴 전복이며 고둥, 소라 등을 전날 밤에 쪄두었다가 배낭 가득 넣어주시던 나의 할머니처럼. 커스터드푸딩 다음에는 칼을 가는 법을 배우고 튀김 요리를 하는 등 다양한 일이 주어졌지만, 플레인 오믈렛을 만드는 순번까지는 가지 않았던 듯하다.

      YMCA 호텔에서 일한 지 1년여가 지난 후, 아버지는 요리장님의 제안으로 도쿄제국호텔에 입사했다. 그렇게 쇼와시대의 도쿄제국호텔을 기점으로 아버지의 요리 인생이 본격적으로 시작된다. 당시 도쿄제국호텔에는 아버지 같은 말단 직원을 포함해 100명 정도의 요리사가 근무했다고 한다. 하지만 신입은 주방에 들어갈 수 없었다. 아버지를 포함한 동기 여덟 명은 거대한 세척실에 배치되어 산더미처럼 쌓인 대형 냄비와 도구들을 씻게 되었다. 지금처럼 식기세척기가 있을 리도 없어서 무척 막막했다고 한다. 마침내 세척실을 졸업한 아버지는 호텔 주방에 입성했고, 플레인 오믈렛을 만났다.

      그때까지 달걀 요리라고는 삶은 달걀과 달걀 프라이, 달걀말이 정도밖에 몰랐던 아버지는 외국인 관광객이 주로 묵던 도쿄제국호텔 조식을 담당하면서 온갖 달걀 요리를 경험했다. 포크 하나만으로 플레인 오믈렛을 폭신하게 말아내고 왼손으로 프라이팬 손잡이를 두드리는 선배의 모습을 눈을 동그랗게 뜨고 지켜보았을 아버지. 보기만

해서는 습득할 수 없다는 생각에 아버지는 틈날 때마다 연습을 했다. 프라이팬에 소금을 담아 왼손으로 손잡이를 탕탕 두드리기도 하고, 마른행주를 넣고 반복해서 연습하기도 했다.

아버지는 매일 200인분의 아침 식사를 준비하는 조식 부서에서 10개월을 보냈다. 플레인 오믈렛을 시작으로, 달걀 프라이, 스크램블드에그, 수란, 삶은 달걀 등등… 조리법은 단순하지만 200명의 기호에 맞춘 요리를 내는 것은 매우 어려웠다고 한다. 요즘 호텔 조식은 대개 뷔페를 기본으로 하고, 플레인 오믈렛과 달걀 프라이를 즉석에서 만들어준다. 그러나 아버지가 일하던 시절에는 레스토랑에서 손님이 메뉴를 보며 주문했기에 삶은 달걀도 3분, 5분, 10분, 완숙 등 주문에 맞춰 내보냈다니 그 어려움이 짐작조차 되지 않는다.

요리사에게 달걀 요리는 가장 쉬우면서도 어렵다고들 한다. 나는 프라이팬 손잡이를 통통 두드려 만드는 플레인 오믈렛을 아버지에게 배웠는데, 아버지와 달리 검은콩을 활용해 연습했다. 외프 몰레Œuf Mollet, 즉 반숙 달걀 삶는 법도 아버지에게 배웠다. 물 1리터에 소금 5그램을 넣고 물이 끓어오르면 달걀을 넣는다. 다시 한번 물이 끓어오른 상태에서 5, 6분 더 삶으면 맛있는 외프 몰레가 된다. 냄비에 달걀을 넣을 때는 그물국자에 얹어 넣으면 깨질 염려가 없다. 한꺼번에 많은 달걀을 삶을 때는 냄비에 달걀 먼저 넣고 뜨거운 물을 부으면 깨지지 않는다. 다 삶은 후에는 곧바로 찬물에 담글 것. 그리고 갓 낳은 달걀은 껍데기가 잘 벗겨지지 않으므로 2, 3일 지난 것을 사용해야 한다고 아버지는 가르쳐주었다.

독일에서 지멘스Siemens 사의 달걀 삶는 기계를 접해본 나는 아버지에게 달걀 삶는 법을 배우며 속으로 생각했다. '쳇, 귀찮네. 지멘스 기계로 삶으면 3분이면 반숙인데….' 그런데 아버지가 이렇게 말하는 게 아닌가.

"그런 기계라면 쇼와 30년대부터 있었어. 아빠가 조식 담당하던 시절에 도입되어 전표를 보며 반숙, 약간 단단한 반숙, 완숙, 단단한 완숙 이렇게 네 가지 삶은 달걀을 무리 없이 해냈지. 그래도 무라카미 셰프님의 외프 몰레는 반드시 직접 해봐야 해."

과연, 요리사란 기계가 있더라도 결국 자기 손과

눈, 감각으로 만드는 편이 더 맛있다는 사실을 알고 있는 사람인가 보다.

아들들이 장성한 후로 우리 집 달걀은 도무지 줄어들 줄 모른다. 이번 주말에는 오랜만에 '할아버지의 커스터드푸딩' 레시피를 꺼내어 만들어볼까. 자취를 하는 둘째 녀석에게 달걀 프라이와 반숙 비결을 가르쳐주면 어떨까. 달걀에 대해 생각하다가 문득, 아이들에게 무심했던 나 자신을 돌아본다.

아버지의 보물상자

오르되브르

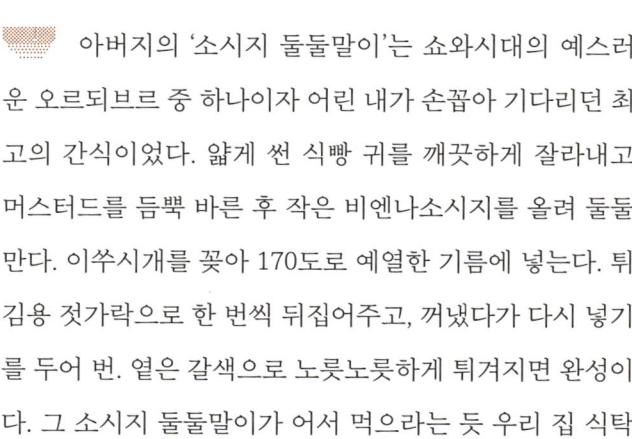

아버지의 '소시지 둘둘말이'는 쇼와시대의 예스러운 오르되브르 중 하나이자 어린 내가 손꼽아 기다리던 최고의 간식이었다. 얇게 썬 식빵 귀를 깨끗하게 잘라내고 머스터드를 듬뿍 바른 후 작은 비엔나소시지를 올려 둘둘 만다. 이쑤시개를 꽂아 170도로 예열한 기름에 넣는다. 튀김용 젓가락으로 한 번씩 뒤집어주고, 꺼냈다가 다시 넣기를 두어 번. 옅은 갈색으로 노릇노릇하게 튀겨지면 완성이다. 그 소시지 둘둘말이가 어서 먹으라는 듯 우리 집 식탁 위에 놓여 있으면 '아, 오늘은 아빠 호텔에서 파티가 있었구나. 또 어떤 오르되브르가 나왔을까?' 하고 상상의 나래를 펼치곤 했다.

"도쿄의 여자대학 영양학과에 진학하면 어떻겠니? 네가 요리의 길을 가는 데 도움이 될 거야."

대학 진학을 고민할 때 어머니가 불쑥 제안했다. 보수적인 어머니는 '여자대학의 영양학과'라고 처음부터 못을 박아두었다. 일방적으로 강요당하는 느낌이 들어서 나는 거세게 반발했다. 그러고 보면 나는 참 반항적인 아이였고, 진로에 대해서도 부모님과 터놓고 이야기하지 못했다. 혼자 결정한 다음 '이렇게 할 거야' 하고 통보하는 식이었으니 말이다. 그래서일까. 정작 마흔이 넘어 요리의 길에 들어섰을 때는 일본에 계신 부모님에게 아무 말도 할 수 없었다. '아아, 그때 엄마의 조언대로 영양학과나 유럽의 요리학교에 갔더라면 좋았을 텐데. 내가 바보였어…' 같은 이야기는 입이 찢어져도 할 수 없었고, 요리교실을 열었을 때도 아무 말도 하지 못했다. 한국에서 첫 책이 나왔을 때에야 어렵게 입을 열었다.

"실은 나… 서울에서 요리교실을 운영하고 있어. 수

강생도 꽤 많아. 예전에 아빠가 나카가와 레스토랑에서 열던 요리교실처럼 풀코스 요리를 가르쳐."

딸의 뚱딴지같은 소리에 놀라 할 말을 잃은 눈치였지만, 어머니는 마흔이 넘은 딸을 굳이 타박하지 않았다.

첫째 아이와 둘째 아이를 낳은 나는 일본의 친정에서 한두 달씩 머물며 부모님의 보살핌을 받았다. 때마침 작은 레스토랑을 연 아버지의 주방일을 돕기도 했다. 한번은 동네 갤러리에서 오프닝 파티가 열렸는데, 그 대규모 케이터링을 아버지가 맡게 되었다. 나도 준비 단계부터 아버지를 도와 좋아하던 소시지 둘둘말이를 만들고, 그동안 '아버지가 만드는 것'으로만 막연히 알고 있던 형형색색의 오르되브르를 만들었다. 대표적인 오르되브르라 할 수 있는 멜론 조각에 생햄을 얹은 것, 삶은 달걀에 연어알을 채운 것, 고기로 속을 채운 피망, 아버지에게 배워 친숙했던 차슈와 로스트비프, 연어 마리네이드…. 아버지의 앞치마를 빌려 입고 이틀 동안 아버지 옆에서 열심히 요리를 만들었다. 요리사 모자를 쓴 백발의 아버지 이마에 배어나는 땀방울을 보며, '아아, 왜 20대 때 프로 요리사의 길을 선택하지 않았을까. 아버지와 같은 실력을 갖추지는 못하더라도 아버지의 마음가짐만큼은 배울 수 있었을 텐데. 자부심을 갖고 이어갈 수 있지 않았을까…' 하고 후회하면서.

수프 부서와 고기와 생선 부서에서 식재료 다루는 법을 배운 아버지는 프랑스어로 식전에 내는 전채 요리를 의미하는 '오르되브르' 부서에 배치되었다. 미리 만들어둘 수 있는 냉채나 연회 요리가 대부분이었고, 얼음 조각(아이스 카빙)을 배운 것도 이때였다. 요즘도 일본에서는 연회나 파티에 얼음 조각이 빠지지 않는다고 한다. 아버지는 요리가 놓이기 전, 즉흥적으로 얼음 조각을 만들었다. 아버지의 몸집보다 두세 배는 큰 얼음을 깎아 그날의 테마에 맞는 모양을 한 시간 만에 완성한다. 어린 시절, 얼음을 깎는 아버지의 움직임을 숨을 죽이고 바라보기도 했다. "남보다 반걸음 물러나 뒤에 있는 것이 내 좌우명이었단다"라는 나의 아버지. 그래서 언제나 남보다 늦고 오히려 손해 보는 인생을 걸어온 것 같은 아버지를 원망한 적도 있지만, 그런 내게 아버지는 카빙 대회에 출전해 상을 받은 이야기를 부끄러운 듯 들려주었다.

78세 때 레스토랑 주방을 떠난 아버지는 요리교실

을 연 딸을 위해 커다란 상자를 국제우편으로 보내주었다. "사람 입에 들어가는 것을 만드는 데 실수가 있어서는 안 되잖니"라는 편지와 함께. 커다란 상자를 열자 아버지의 메모와 다양한 종류의 식칼이 들어있는 아타셰케이스, 요리 관련 책들, 누렇게 변색된 노트가 나왔다. 말 그대로 아버지의 60년 요리 인생이 고스란히 담긴 보물상자였다. 프랑스어로 '오르되브르와 카나페'라는 제목이 쓰인 낡은 노트를 펼치자, 누렇게 변색된 표지에서는 상상할 수 없을 정도로 컬러풀한 그림들이 빼꼼 고개를 내민다. 애피타이저, 스타터, 안티파스토, 타파스, 핀초스, 메제… 국가에 따라 부르는 방식은 다양하지만, 모두 '전채 요리'를 의미한다. HB연필과 색색의 색연필로 그린 오르되브르 그림과 간략한 레시피에 금세 눈이 즐거워진다. 어린 시절 그토록 좋아하던 '소시지 둘둘말이'의 이름이 사실 '비엔나롤빵'이었다는 것도 노트를 보고야 알았다.

사실 내가 연희동 요리교실에서 가르치는 것은 오르되브르보다 타파스에 가깝다. 일반적으로 오르되브르는 서양 요리의 전채로 메인 요리 전에 먹는 것을 의미하는데, 스페인의 타파스는 좀 더 다양한 상황에 응용할 수

있는 것이 특징이다. 하지만 나의 타파스 레시피와 아버지의 오르되브르 노트를 비교해보니 몇몇 중복되는 레시피도 있었다. 아버지 특유의 코에서 나오는 듯한 프랑스어 발음 때문인지 오르되브르 쪽이 단연 고급스러운 느낌이 든다. 노트에 정리된 오르되브르를 하나하나 보다가 문득, '아버지의 쇼와시대 오르되브르'를 전부 재현해보기로 마음먹었다. 상상하는 것만으로 기대감에 가슴이 뛴다. 요리야말로 아버지와 딸이, 과거와 현재가, 서로 다른 문화가 소통할 수 있는 가장 확실한 방법이 아닐까.

토요일의 기억

나폴리탄 스파게티

우리 부부가 자주 찾는 단골 바가 있다. 남편의 위스키 사랑이 깊어지면서 시작된 '서울 바 순례' 끝에 안착한 곳이다. 그곳이 특별한 이유는 안주 목록에 '나폴리탄 스파게티'가 있기 때문이다. 걸쭉한 토마토소스를 베이스 삼아 양파, 피망, 소시지를 넣은 나폴리탄 스파게티를 포크로 돌돌 말아 입안을 가득 채운다. 케첩과 양파의 단맛, 피망의 풋풋하고 아삭한 식감이 어우러지며 입안에서 작은 앙상블이 펼쳐진다. 면을 꿀꺽 삼키고 나면 소시지 육즙이나 케첩만으로는 낼 수 없는 깊은 토마토 향이 남는다. 스파게티 접시에 얼굴을 묻고 먹다 보면 하이볼의 위스키 비율이니 탄산수의 품질이니 하는 이야기도 저만치 사라져버리는 것 같다. 정작 나폴리에는 없다는 나폴리탄 스파게티를 나는 왜 이렇게 좋아하는 걸까?

사실 나는 아버지가 아닌 어머니의 맛으로 나폴리탄 스파게티를 기억한다. 초등학생 시절, 3교시만 하고 곧장 하교하는 토요일이면 나와 동생은 점심밥을 기대하며 집으로 향했다. 나폴리탄 스파게티나 야키소바, 오므라이스, 삼색 소보로 덮밥 등등. 어머니가 미리 만들어 주방 식탁에 준비해둔, 식어도 맛있는 점심밥을 동생과 나란히 텔레비전을 보며 먹었다. 케첩 맛이 혀를 자극하는 차가운 나폴리탄 스파게티는 조금은 느긋하고 나른한 '토요일의 맛'으로 남아 있다.

나폴리탄 스파게티의 유래에 대해서는 여러 설이 있지만, 요코하마의 뉴그랜드 호텔 2대 총요리장을 지낸 이리에 시게타다가 고안했다는 설이 유력하다. 당시 총사령부 장교들의 숙소로 쓰인 뉴그랜드 호텔에서 장교들이

군용 식량인 스파게티와 케첩을 버무려 점심이나 야식으로 곧잘 먹었다는 것이다. 하지만 스파게티에 케첩만 섞은 요리가 맛이 없고 영양도 빈약하다는 점이 마음에 걸린 이리에 요리장이 연구를 거듭한 끝에 케첩 대신 잘게 썬 토마토와 토마토 페이스트를 사용하고, 마늘과 양파, 양송이 버섯, 월계수 잎, 올리브 오일까지 듬뿍 넣은 '나폴리탄 스

파게티'를 완성했다고 한다. 이 레시피가 전국 양식당에 퍼졌고, 고도성장기를 지나면서 '깃사텐喫茶店 나폴리탄'이라는 이름으로 빠르게 대중화되었다.

　　섬마을에서 소년 시절을 보낸 아버지가 도쿄로 상경해서 처음으로 맛본 스파게티 역시 나폴리탄 스파게티였다. 호텔 주방에서 양파며 비엔나소시지, 남은 피망, 양송이버섯을 넣고 토마토케첩에 쓱쓱 버무려 먹었다고 아버지는 회고한다. 호텔 주방인 만큼 수입한 토마토퓌레나 생토마토도 있었겠지만, 1950년대의 도쿄에서 수습생에게는 언감생심이었으리라. 요즘은 토마토케첩이 워낙 흔해서 유통기한이 지나버리기가 일쑤지만, 70년 전 일본의 젊은 요리사에게는 새로움 그 자체였다. 그래서일까. 아버지의 '케첩 사랑'은 요리사치고는 각별한 편이어서 어머니는 가끔 어이없다는 표정으로 "네 아빠는 일류 요리사라면서 케첩과 마요네즈를 왜 저렇게 좋아하신다니?" 하고 중얼거리곤 했다.

　　케첩 사랑이 유별났던 나의 아버지처럼, 우리 집 냉장고에도 케첩이 늘 자리 잡고 있다. 하지만 토마토퓌레나 토마토 페이스트가 있어서인지 케첩을 사용하는 일은 많지 않다. 기껏해야 나폴리탄 스파게티와 오므라이스 정도일까. 그런데도 케첩이 없으면 불안해진다. '갑자기 케첩 맛이 나는 나폴리탄 스파게티를 양껏 흡입하고 싶어지면 어쩌나…' 하고 걱정이 되는 것이다. 버터에 볶은 양파와 소시지, 피망, 케첩만으로 맛을 낸 나폴리탄 스파게티가 가끔 미치도록 먹고 싶어지는 나 자신을 위해 항상 케첩을 마련해둔다.

사실 나의 아들들도 '케첩 맛 나폴리탄'을 별로 좋아하지 않는다. 70년 전 호텔 주방에서 눈칫밥을 먹으며 맛본 수습 요리사의 나폴리탄이나 토요일 낮의 한가로움을 만끽하며 먹던 차가운 스파게티 맛을 알 리 없으니 당연한 일인지도 모른다. 대신 아이들은 할아버지의 레스토랑에서 먹는 '할아버지의 나폴리탄 스파게티'를 찾는다. 아들들이 아직 어렸던 시절, 외가에 갈 때면 매일같이 '할아버지 가게'에 가서 할아버지가 만들어준 나폴리탄 스파게티며 오므라이스, 스테이크, 햄버그스테이크, 새우튀김을 실컷 먹고 100엔씩 내고 돌아오는 것이 두 녀석의 하루 일과였다.

'할아버지의 나폴리탄 스파게티'에는 토마토케첩이 들어가지 않는다. 생토마토에 화이트와인과 토마토퓌레를 섞어 소스를 만들고 베이컨과 가지를 듬뿍 넣은, 본격적인 일본식 토마토 파스타에 가깝다. 어리기만 하던 아들들이 어느덧 대학생이 되었을 때의 일이다. 요리에는 영 관심이 없다던 둘째 아들이 그래도 파스타 정도는 만들어보겠다며 나폴리탄 스파게티를 만들어준 것이다. 역시 유전인 건지, 토마토소스 베이스가 좋다며 꼭 그렇게 만든다. 요즘은 조금 더 발전해 새우 머리를 볶아 갈아서 비스크부터 만들기도 한다. 외할아버지가 햄버그스테이크 반죽에 넣는 '기업비밀' 돈가스 소스를 조금 넣어봤다고 자랑까지 한다. 내 기억 속 토요일의 나폴리탄과는 사뭇 다른 고급스러운 나폴리탄 스파게티를 먹으며 생각한다. 시대가 변화함에 따라 내 아이들의 나폴리탄도 진화했구나.

세대를 잇는 레시피

햄버그스테이크

 세월이 흘러도 변하지 않는 맛이 있다. 한 세대에서 다음 세대로 전해지는, 국경을 넘고 말이 통하지 않아도 누구나 맛있다고 느끼는 음식. 햄버그스테이크야말로 바로 그런 음식이 아닐까.

"우리 집 양식 담당은 아빠다!" 매사에 엄격한 어머니는 이렇게 선언했고, 그 선언을 지켰다. 하지만, 그런 어머니도 가끔 우리 남매에게 햄버그스테이크와 카레라이스를 만들어주었다. 카레라이스는 '아버지의 향신료 세트'가 있을 때만 만들었지만, 아버지에게 도쿄제국호텔 레시피를 직접 전수받은 햄버그스테이크는 언제든지 오케이였다. 고기와 양파만 넣는 아버지의 햄버그스테이크와 달리, 어머니의 햄버그스테이크에는 당근이나 브로콜리 같은 다양한 채소가 엄마의 마음을 표현하듯 곁들여져 있었다.

햄버그의 어원은 물론 '함부르크'이지만, 일본의 햄버그스테이크는 독일보다는 프랑스 요리의 영향을 받았다고 아버지는 귀띔한다. 일본 서양 요리의 역사는 메이지 시대의 프랑스 요리를 원점으로 한다. 당시 요코하마와 고베 등 개항지에 있는 외국인 호텔의 레스토랑에서 프랑스 요리를 기본으로 했으며, 정부도 공식 만찬에서 프랑스 요리를 내놓았다. 그러므로 일본의 요리사는 양식을 배울 때 프랑스 요리부터 익혀야 했다. 아버지는 책장에서 일본 요리사들이 바이블처럼 여긴 프랑스 요리책을 꺼내 보여주었다. 에스코피에의 『요리 가이드 Le Guide Culinaire』에는 '함부르크풍 비프스테이크 Beefsteak à la Hambourgeoise'가, 몽타니에의 『라루스 가스트로노미크 Larousse Gastro-nomique』에

는 '함부르크풍 비프텍Bifteck à la Hambourgeoise'이 실려 있다. 프랑스 요리에서도 다진 고기에 양파, 달걀, 소금, 후추, 너트맥을 섞어 둥글게 빚어 구운 요리를 '함부르크풍'이라 불렀고, 훌륭한 요리로 소개했던 것이다.

이 프랑스 요리를 전쟁 후 고도성장기에 보급한 이가 도쿄제국호텔 요리장 '무라카미 노부오'이다. 무라카미 노부오는 1939년 도쿄제국호텔 수습으로 시작해 요리장에 올랐고, 84세를 일기로 별세하기 전까지 도쿄제국호텔의 고문을 지냈다. 셰프로서는 최초로 NHK 프로그램〈오늘의 요리〉에 출연해 햄버그스테이크를 비롯한 서양 요리 레시피를 가정에서도 쉽게 만들 수 있도록 보급한 무라카미 노부오는 쇼와시대 식문화를 확립한 상징적인 요리인이라 할 수 있다. 내 아버지의 스승이자 평생의 멘토였으며, 부모님이 결혼하실 때 주례를 설 정도로 가까웠다. 부모님은 '무라카미 선생님, 무라카미 선생님' 하면서 셰프님을 무척 존경하고 따랐다. 우리 집에 무라카미 셰프님이 오는 날이면 어머니가 "있잖니, 오늘 오후에 무라카미 선생님을 뵐 수 있단다!" 하며 아침부터 대청소를 하고 꽃꽂이로 집을 장식했던 기억이 난다.

무라카미 셰프님이 지향하던 서양 가정식은 '일본인의 주식인 밥에 어울리는 맛을 만들어내는 것'이었다. 특히 프랑스의 육류 요리를 따끈따끈한 밥과 함께 식탁에 올리는 방법을 두고 고민했다. '밥에 어울리는 서양 요리'를 위한 고기 선택부터 굽는 법 등을 기본부터 확실하게 지도하는 무라카미 셰프님의 요리책은 수십 년이 흐른 지금도 유용하다. 일본에서는 카레만큼이나 만든 사람의 고

집이 담긴 요리가 햄버그스테이크인데, 『무라카미 노부오의 서양 요리』에 햄버그스테이크 만드는 법이 상세하게 설명되어 있다. '햄버그스테이크용 고기는 너무 잘게 다지는 것보다 입자가 느껴질 정도로 다지는 것이 좋다', '반죽은 식감이 살아 있어야 한다', '양파는 볶은 후 식혀서 넣는다', '햄버그스테이크의 가운데 부분을 눌러서 굽는다', '햄버그스테이크를 구우며 그 육즙으로 소스를 만든다', '햄버그스테이크 고기에 빵가루를 입히면 민스커틀릿이 된다', '햄버그스테이크 고기로 토마토나 피망 요리도 만들 수 있다'와 같은 자상한 팁도 가득하다.

이 손바닥만 한 요리책에 담긴 무라카미 선생님의 햄버그스테이크에 대한 열정은 발행된 지 40년 이상이 지난 지금도 조금도 빛바래지 않았다. 무라카미 선생님의 레시피는 제자인 아버지에게 고스란히 전해졌다. 내게 햄버그스테이크를 가르쳐주며 "반죽할 때 마지막에 너트맥은 물론 케첩과 '불독 소스'를 살짝 넣으면 맛있어. 아까 소금을 넣었으니 마지막에는 간장으로 짠맛을 조절하는 거야. 이건 기업비밀이니까 외부에 누설하면 안 돼!" 하고 엄하게 당부하면서도 아버지의 눈은 웃고 있었던 것이 기억난다. 아버지의 '기업비밀'이 하나 더 있다. 무라카미 선생님은 생빵가루를 섞었지만, 아버지의 레시피에서는 식빵 귀까지 잘게 찢어 우유로 불린 후 넣는다는 것!

아버지에게서 딸에게로 전해진 햄버그스테이크 레시피는 다진 고기와 양파밖에 없었던 옛 동독 친구들에게 전해졌고, 지금은 서울의 요리교실로 이어지고 있다. 어렸을 때는 일본에서 할아버지의 햄버그스테이크를 맛보았으며 지금은 서울에서 엄마의 햄버그스테이크를 먹는 나의 아이들에게도 전해졌다. 먹보 장남은 대학생이 된 후 마음의 여유가 생겼는지 일본의 할아버지에게서도 내게서도 햄버그스테이크를 배웠다. 아직 아들의 햄버그스테이크를 먹어보지는 못했지만 말이다.

> 한 조각의 위로

파인애플 포크소테

아버지의 주독일 일본 대사관 근무가 끝나고 우리 가족이 일본으로 돌아왔을 때 나는 초등학교 2학년이었다. 아버지는 고민 끝에 부모님이 있는 사도가시마 섬으로 돌아가기로 결심했고, '독일에서 아이들을 자유롭고 느긋하게 키웠으니 섬의 자연 속에서 키워도 좋겠다'며 어머니도 동의했다. 입에서 일본어보다 독일어가 먼저 나오던 나는 그렇게 도쿄도 오사카도 아닌 섬에서 살게 되었다. 생각해보면 도쿄에서 왔다고 해도 따돌림을 당하던 시절이었다. 아이들은 '히틀러의 앞잡이'라고 부르며 나를 제법 괴롭혔다. 초등학생이 어디서 그런 말을 들었는지 지금 생각해도 신기하다. 사실 나는 독일에서도 유일한 아시아인이었고, 피구나 테니스 시간이면 일부러 공을 던져 나를 맞히는 아이들도 있었다. 하지만 나는 부모님에게 절대 말하지 않았다. 사도가시마로 전학온 후 당한 괴롭힘에 대해서는 고등학생이 된 후에야 털어놓았다. 어머니는 "저런. 혼자 참지 말고 엄마에게 말했어야지…" 하며 안타까워했다. 그제야 어른들에게 도움을 청할걸 하는 후회가 밀려왔지만, 그때는 어째서인지 혼자 참기만 했다. 그저 '먹는 행위'를 통해 그 시간을 견뎠다. 모든 것이 부족한 전후의 섬에서 무엇을 만들어 먹을까 고민했던 나의 아버지처럼.

내가 급식을 처음 맛본 건 사도가시마의 초등학교로 전학한 후였다. 매일 다양한 반찬이 나왔을 테지만, 케첩 맛이 나는 쫄깃쫄깃한 고래고기 탕수육과 역시 케첩 맛이 강한 돼지고기 파인애플찜이 선명하게 떠오른다. 돼지고기 파인애플찜은 한입 크기로 자른 돼지고기와 파인애플을 케첩 맛 토마토소스로 오래 익힌, 달콤한 돼지고기찜 비슷한 것이었다. 당연히 파인애플 통조림을 이용했을 테니 달콤한 통조림 국물도 토마토소스에 섞여 있었을 것이다. 하지만 집에서도, 돼지고기를 주로 먹는 독일에서도 먹어본 적 없는 이 수수께끼 같은 요리를 훗날 아버지의 레시피 노트에서 발견할 줄이야! 아버지의 레시피는 캔이 아닌 생파인애플을 사용해서 돼지고기를 '소테'하는 훌륭한 메인 요리였다.

'소테sauté'란 고기에 소금과 후추를 뿌리고 가볍게 밀가루를 입힌 뒤 굽는 요리법이다. 돼지 목살을 소테하고 건져낸 다음 같은 팬에 원형으로 자른 파인애플을 넣고 노릇하게 굽다가 다시 돼지고기를 넣고 소스를 더한다. 데리야키처럼 소스가 고기와 파인애플에 잘 배어들도록 마무리한다. "생파인애플에는 육질을 부드럽게 하는 효소가 함유되어 있지. 얇게 자른 파인애플을 돼지고기 표면에 30분 정도 올려두면 육질이 부드러워지며 풍미가 증가한단다. 하지만 파인애플은 돼지고기를 완전히 익힌 후에 마지막으로 얹어야 해." 레시피를 들고 온 내게 아버지는 이렇게 가르쳐주었다. 그때 집에 파인애플이 없었는지 곧바로 먹어볼 수는 없었는데, 내가 잊고 있을 무렵에 문득 생각난 듯 아버지가 만들어주었다. 한국에서도 불고기를 만들 때

면 간 배에 고기를 재우는데, 파인애플 포크소테도 같은 원리다. 당연히 급식에서 맛본 돼지고기 파인애플찜과는 천양지차의 맛이었다. 지금도 시장에서 돼지 목살을 볼 때면 50년 전 그 맛이 떠오른다. 1970년대 급식 영양사가 초등학생이 좋아할 만한 양식을 고민하고 연구해 식단에 넣었을 그 메뉴.

아버지의 레시피에 있는 서양 가정식 대부분은 아버지의 스승인 무라카미 노부오 셰프님의 요리책에도 실려 있다. 파인애플 포크소테도 당연히 '육류 요리의 비법' 항목에 있으려니 생각하고 훑어봤지만, 돼지고기 요리는 로스트 포크와 포크커틀릿뿐이었다. 알고 보니 이 메뉴는 아버지가 사도가시마에서 프렌치 레스토랑을 운영할 때 열던 '나카가와 요리교실'의 메뉴였다. 아버지는 섬이라는 제한된 환경에서도 쉽게 프랑스 요리를 만들 수 있도록 변형한 레시피를 소개했구나. 돌아보니 우리 아이들은 워낙 돈가스만 좋아해 파인애플 포크소테를 만들어준 적이 없다. 하지만 연희동 요리교실에서는 몇 번인가 만들어보았다. 파인애플이 연육 작용을 한다는 것은 상식이지만, 한 조각이 통째로 올라가 있는 모습은 낯설었을 것이다. 하지만 맛을 본 수강생들은 옛날 경양식집 돈가스 소스 같다면서 반가워했다. 늘 먹는 식재료를 써서 조금 색다른 조리법으로 간단하게 만들 수 있는 요리라 금세 인기를 얻었다. 50년 전 아버지의 고민이 담긴 레시피는 시간과 공간을 통과해 이곳 서울에서, 오늘도 전해지고 있다.

따뜻함을 감싼 바삭함

크로켓

"올라, 조르디! 오늘 밤 '크로케타'에는 뭐가 들었어?"

"올라, 히데코. 오늘 하루는 어땠어? 오늘 밤 크로케타에는 하몽이 들어갔어."

돌아보면 벌써 35년 전의 일이다. 나는 바르셀로나에 있는 일본계 제약회사에서 근무하는 동시에 일본 신문사의 '스페인 통신원'이라는 '투잡'을 뛰며 생활하고 있었다. 일본에서 여윳돈을 충분히 가져오지 않은 탓에 주머니는 늘 쪼들렸지만, 대학을 갓 졸업했던 때라 어느 정도는 학생 같은 기분으로 살았다. 퇴근길에 집 바로 앞에 있는 바에 들러 차가운 화이트와인 한 잔과 조그마한 크로케타 서너 조각으로 빈속을 채우며 바 주인인 조르디와 시시콜콜한 이야기를 나누는 것이 작은 즐거움이었다.

 크로케타는 스페인 요리인 '타파스'의 대표적인 메뉴다. 타파스란 스페인 사람들의 생활에 빠질 수 없는 술집 겸 식당인 바르Bar에서 제공되는 소량의 요리를 총칭하는 말이다. 오전 11시 무렵과 저녁 이후의 간식 시간에 하몽이나 치즈 등의 훈제나 차가운 전채, 따뜻한 튀김 요리, 샐러드, 올리브 절임 등을 맥주나 와인과 함께 즐긴다. 내가 퇴근길에 항상 먹던 크로케타는 베샤멜소스에 잘게 썬 하몽을 넣어 작은 포크로 찍어 먹을 정도의 한입 크기로 뭉쳐 고운 빵가루를 입혀 튀긴 음식이었다.

 마침내 부모님에게서 독립해 바르셀로나로 온 나였다. 자유를 만끽해야 마땅하건만 현실은 녹록지 않았다. 일본에서 제대로 회사를 다닌 적이 없기에 조직 생활을 어떻게 해야 하는지도 모르는 내가 스페인어와 영어까지 힘

겹게 구사하면서 현지 사람들과 일해야 했으니 말이다. 웬만한 인내력으로는 견디기 힘든 하루하루였다. 어렸을 때부터 키워온 남다른 오기(?) 때문일까. 일본의 부모님에게도 쉽게 어려움을 털어놓지 못했다. 조르디의 바에서 베샤멜소스 크로케타를 먹을 때마다 아버지가 만들어준 '게살 크림 고로케(크로켓)'를 떠올리며 향수병을 달랬다.

사실, 조르디의 크로케타도 아버지의 고로케도 모두 프랑스 요리에서 유래되었다는 것이 정설이다. 프랑스어로는 크로켓croquettes이라 불리는데, '바삭바삭 씹다'는 뜻의 프랑스어 동사 'croquer'에서 왔다고 한다. 그리고 이 베샤멜로 만든 크로켓은 19세기 초 활약했던 프랑스의 요리사 앙투안 카렘에 의해 바삭한 식감을 지닌 요리로 완성되었다고 전해진다. 원래 고전 프랑스 요리에는 생선이나 고기 요리에 곁들이는, 감자를 으깨어 빚어 빵가루를 묻혀 튀긴 감자 크로켓이 있었다. 20세기 초를 대표하는 스페인 여성 작가 에밀리아 파르도 바산은 "프랑스 크로켓은 크고 딱딱하지만 스페인 크로켓은 훨씬 세련되었어"라고 말했다. 베샤멜로 만든 프랑스식 크로켓이 먼저인지 스페인식 크로케타가 먼저인지를 따지려면 늘 그렇듯 양국 사람들이 밤을 새워 토론해도 결론이 나지 않을 것이다. 한 가지 확실한 것은, 고대 로마 시대부터 먹어왔다는 리솔rissoles이라는 일본의 멘치카쓰와 비슷한 요리가 있다는 점이다. 포르투갈의 감자와 대구 크로켓, 이탈리아의 아란치니, 모로코의 팔라펠을 비롯해, 네덜란드, 영국, 그리고 아제르바이잔 등 동유럽 국가에도 재료는 다르지만 마지막에 빵가루를 입혀 튀기는 요리가 존재한다. 결국 크로켓은 남은

빵 부스러기를 어떻게든 활용하고자 했던 옛사람들의 고민이 낳은 산물일지도 모른다.

아버지의 게살 크림 크로켓은 조르디의 크로케타보다 3배 정도 크다. 아버지는 감자 크로켓을 주머니 모양으로 만드는데, 베샤멜소스를 평상시보다 되직하게 만들어도 크림 상태인 고로케는 납작한 햄버그스테이크처럼 된다. 그리고 반드시 얇게 채 썬 양배추를 곁들여 냈다. 친정에서 서울로 출발하는 날 아침이면 아버지는 손자들의 배낭에 냉동한 햄버그스테이크나 옥수수 크림수프를 넣어주었다. 가끔은 게살과 새우가 듬뿍 든 크림 크로켓 반죽을 꽁꽁 얼려 "엄마한테 고로케 튀겨달라고 하렴" 하며 가방에 넣어주곤 했다.

프랑스의 크로켓이 일본에 들어온 것은 메이지시대의 일이다. 당시의 영빈관인 '로쿠메이칸'에서 처음으로 크림 크로켓이 등장했다고 한다. 1972년에 나온 『서양요리지남西洋料理指南』에 이미 크로켓 레시피가 소개되어 있다. 크로켓은 카레라이스, 돈가스, 하이라이스와 어깨를 나란히 하는 일본의 양식 중 하나였다. 『무라카미 노부오의 서양 요리』에는 '고기 감자 크로켓'과 '게살 크로켓' 등 두 가지 크로켓이 소개되어 있다. 무라카미 셰프님은 책에서 '브랜디, 화이트와인을 사용한 고급 크로켓'이라는 설명을 붙였고, 『일본인의 서양 요리』라는 다른 요리책에서는 밥반찬으로 감자 크로켓이 최고라며 감자에 게살을 넣어 만드는 레시피를 소개하기도 했다.

아버지의 게살 크로켓도, 조르디의 하몽 크로켓도 요리교실에서 자주 만드는 메뉴다. 베샤멜소스를 나무 국자로 저어가며 눈과 감각으로 농도를 확인해야 하는 작업이라 시간이 걸리지만, 학기마다 반드시 한 번은 메뉴에 넣고 있다. 하지만 내가 만든 게살 크로켓과 아버지의 게살 크로켓은 확실히 맛의 깊이가 다르다. 수십 년 동안 호텔 주방에서 베샤멜소스를 만들어온 깊은 맛을 따라가기는 힘들기 때문일까.

> 천천히 시간을 들이다
>
> # 비프스튜

비프스튜의 가장 중요한 법칙은 '강불로 볶고, 강불로 끓이고, 약불로 천천히 조린다'이다. 이는 쇼와시대와 헤이세이시대에 도쿄제국호텔에서 프렌치 셰프로 평생을 보낸 무라카미 노부오 요리장의 철학이기도 하다.

나는 아버지의 레스토랑 주방에서 비프스튜를 배웠다. 몇 번을 시도해도 만족할 만한 비프스튜를 만들어내지 못해 악전고투 중인 딸에게 아버지가 슬쩍 속삭였다.

"고기가 부드럽게 익고 소스가 맑으면 비프스튜는 합격!"

언뜻 간단하게 들리지만 내게는 너무나 뼈아픈 말이었다. 고기는 부드럽고 소스는 맑게라니! 고기를 부드럽게 익히면 소스가 졸아붙거나 타버리고, 소스를 맑게 하면 고기가 퍼석퍼석하거나 딱딱해지는 게 당연지사 아닌가. 나는 무라카미 선생님의 철학을 한 번 더 머릿속에 되새기며 혼잣말을 중얼거렸다. '채소도 소고기도 강불에서 노릇노릇하게 구웠고, 끓어오를 때 재빨리 거품도 걷어냈는데… 왜 안 될까?' 그러면서 약불로 조리는 내내 몇 번이나 맛을 보았다. 맛을 본다고 달라지는 건 없지만, 조급한 성격 탓에 두 시간을 가만히 두지 못한다. 그래서일까. 요리교실에서도 자주 요청받는 '도쿄제국호텔 비프스튜'는 여전히 내게 조금은 부담스러운 요리로 남아 있다.

카레라이스, 하이라이스, 프랑스 부르고뉴 지방의 전통요리인 뵈프 부르기뇽, 헝가리안 굴라쉬, 양고기를 고아 만드는 아이리시 스튜, 이탈리아의 오소부코. 이들 요리에는 공통점이 하나 있다. 고기를 강불에서 볶아 색을 내면 국물 맛의 30퍼센트는 보증된다는 것. 그런 다음 육수나 와

인을 넣고 강불에서 끓인 후 약불로 천천히 시간을 들여 익히면 된다. "약불에서 오래 끓이면 고기의 딱딱한 부분의 콜라겐이 젤라틴으로 변하는 데다 힘줄 속 단맛 성분이 소스에 배어나기 때문이란다" 하고 아버지는 설명했다.

일본 요리에서는 다시마를 비롯해 가다랑어, 멸치, 표고버섯 등을 이용해 '다시' 육수를 낸다. 국이나 찜, 탕 등 요리에 따라 육수 재료를 선택하고, 짧은 시간이지만 정성껏 우려낸다. 프랑스 요리의 퐁fond과 같은 유럽 요리는 주로 닭고기와 소고기, 미르푸아Mirepoix를 넣고 오랫동안 천천히 육수를 내며, 파에야와 같은 스페인 요리는 새우와 조개, 아귀 등의 생선으로 빠르게 육수를 우려낸다. '국물'에는 마음이 담기는 법이라 했던가. 육수에 대해 깊이 알면 그 나라의 식문화를 이해할 수 있고, 그 육수를 맛있게 우려낼 수 있게 되면 그 문화에 받아들여진 듯한 기분마저 든다.

한국의 육수를 배웠을 때도 그런 기분이었다. 일본 요리 하면 가다랑어 육수를 떠올리듯 한식에서는 멸치 육수가 빠질 수 없으리라. 일본 육수와 비슷하게 다시마, 멸치, 표고버섯 등을 사용하지만, 끓이는 방식이나 시간의 미묘한 차이로 전혀 다른 맛이 난다. 양지머리 육수는 고기를 주재료로 하는 중화요리나 타이와 베트남의 육수와는 또 다른 신선한 발견이었다. 나는 20년 전 다녔던 궁중요리 연구소에서 배운 레시피와 한식 선생님들에게 배운 비법들을 나름대로 변형해 투명한 콩소메 같은 소고기 육수를 자연스럽게 우려낼 수 있게 되었다. 그러자 비로소 한식 요리가 즐거워지기 시작했다. 나는 한국 요리는 탕 문화라고 생각한다. 다시마, 멸치, 대구포, 소고기, 돼지고기, 닭고기, 생선, 조개, 무, 표고버섯… 한식은 무엇이든 육수 재료로 삼는다. 아버지에게 물려받은 레시피로 본격적인 프랑스 요리의 퐁을 익히는 와중에도 다양한 한국 육수에 나도 모르게 마음을 빼앗기곤 했다.

어머니는 "남편이 해준 비프스튜도 맛있지만, 역시 무라카미 선생님의 레시피를 그대로 계승한 도쿄제국호텔 비프스튜는 따라갈 수가 없네"라면서 비프스튜만큼은 그곳에 가서 드셨다. 돌아보니 대학을 졸업하자마자 독립한 탓에 어머니에게 비프스튜를 사드린 적이 없다. 그런데도 어머니는 한국에서 손자들이 올 때면 "역시 비프스튜는 도쿄제국호텔이 최고란다!"하며 우리를 전철에 태워 도쿄제국호텔까지 데리고 갔다. 어느덧 작고 약해진 아버지의 모습을 보니 길었던 불효가 가슴 깊이 사무친다. 아버지도 인정할 최고의 비프스튜를 하루빨리 완성해 대접하고 싶다.

> 호텔식과 집밥 사이
>
> # 카레

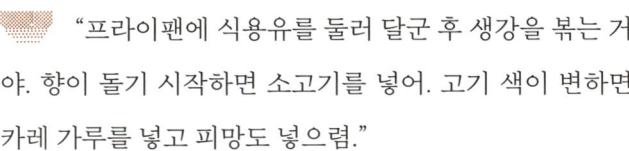

🍚 "프라이팬에 식용유를 둘러 달군 후 생강을 볶는 거야. 향이 돌기 시작하면 소고기를 넣어. 고기 색이 변하면 카레 가루를 넣고 피망도 넣으렴."

"흐음. 왜 냄비에 같이 볶으면 안 돼?"

"이렇게 해야 깊은 맛이 나거든. 피망의 풋내도 없어지고."

"으음…."

이해가 되지는 않지만 어머니가 시키는 대로 나무

주걱을 움직였다. 어머니는 내 옆에서 카레를 끓일 냄비에 생강과 양파를 넣고 캐러멜색이 날 때까지 조심스럽게 볶았다. 가끔 소고기를 넣을 때도 있지만, 어머니는 대체로 얇게 썬 돼지 넓적다리 살을 선호했다. 프라이팬에 볶은 돼지고기를 냄비에 넣고 뜨거운 물을 부은 후 10분 동안 보글보글 끓인다. 먹기 편한 크기로 자른 당근과 감자를 넣고 다시 10분.

"카레 루는 에스비S&B 제품이 단연코 맛있어. 하우스 거는 좀 달거든."

어머니는 그렇게 말하면서 에스비의 카레 루를 넣었다. "카레가 뭉치지 않도록 불을 끄고 넣어야 해" 하고 늘 같은 말을 반복하면서. 어머니의 주방에는 빨간 깡통에 든 에스비 카레 가루와 중간 매운맛 카레 루가 늘 놓여 있었다. 20대에 독립한 뒤로 가끔 생각나는 어머니의 돼지고기 카레라이스. 몇 년 전 근처의 수입상품 가게에서 에스비의 빨간 깡통을 발견한 후로 나 역시 어머니가 애용하던 빨간 깡통의 카레 가루와 루를 상비약처럼 준비해둔다.

쉬는 날이면 아버지도 집에서 요리를 했다. 어머니와 아버지는 서로의 '요리 영역'을 결코 침범하지 않았다.

설로인 스테이크와 비프스튜, 프렌치드레싱 샐러드, 로스트비프, 햄버그스테이크, 로스트 치킨 등 일본식으로 변형된 양식은 '아버지의 영역'이었다. 물론 아버지는 집에서는 카레를 만들지 않았다. 대신 "조금 슬쩍했지" 하고 장난꾸러기 소년처럼 웃으며 어머니에게 레스토랑 주방에서 가져온 냉동 카레 소스를 건네곤 했다. 업소용 대형 냄비에 양파를 잔뜩 볶고 호텔 레시피로 만든 소스를 보글보글 끓인 후 커민, 고수풀, 카르다몸, 칠리 파우더 등 일곱 가지 향신료를 배합하는 아버지의 카레 소스에는 인도의 '커리'가 유럽 문화와 처음 만난 시기부터 일본의 '카레라이스'로 알려지기까지의 오랜 역사가 고스란히 녹아 있다.

커리는 16세기에 인도로 건너간 포르투갈인이나 네덜란드인이 남긴 기록에 이미 등장한다. 17세기에 영국과 네덜란드는 각각 동인도 회사를 설립하지만, 18세기까지의 100년 동안은 커리에 관한 기록이 별로 남아 있지 않다고 한다. 그리고 18세기, 세계의 패권을 쥔 대영제국은 미국과의 독립전쟁에서는 패했지만, 식민지 확대와 국내 산업화의 싹을 틔우며 '대중 소비 사회' 시대를 맞는다. 그때 영국에 상륙한 카레는 시대의 흐름을 타고 시민들의 식

탁에 퍼지게 되었고, 1700년에 출판된 해나 글라세의 요리책 『간단하고 쉬운 요리법 Art of Cookery Made Plain and Easy』에 영국에서는 처음으로 커리가 등장한다. "후추 30알, 쌀 1큰술, 적당량의 코리앤더를 볶아서 빻아 고기에 묻히고 물을 넣어 끓인다"라고만 적혀 있는데, 이게 무슨 커리인지, 왜 쌀이 들어가는지 영 의문스러운 레시피이다. 저자는 아마도 인도에서 돌아온 사람에게 이야기를 듣고, 매웠다고 하니 후추를 쓰고 향신료가 강했다고 하니 마침 집에 있던 코리앤더를 쓴 것인지도 모른다. 그리고 파리와 런던에서 앞다투어 만국박람회가 열리고 아시아 문화에 대한 관심이 널리 퍼진 19세기에 영국에서 '커리 가루'가 발명된다. 인도에서 들어온 향신료나 마살라에 주목한 에드먼드 크로스와 토머스 블랙웰은 두 사람의 머리글자를 딴 C&B라는 회사를 설립, 영국산 커리 가루를 제품화한다. C&B의 파우더는 영국의 식생활에 꾸준히 정착했고, 이후 빅토리아 여왕에게 진상되어 상류층에도 퍼져나갔다고 한다. 그러고 보니 20대 시절, 18세기에 설립된 백화점 '포트넘 앤 메이슨'의 티룸에서 먹은 런치 커리가 아주 맛있었던 기억이 난다.

영국의 커리 가루가 일본에 '카레'로 상륙한 것은 1870년의 일이다. '문명개화'라는 구호와 함께 재빠르게 일본 식문화에 스며든 카레 조리법은 1872년에 출간된 요리책 『서양요리통西洋料理通』이나 『서양요리지남』에도 기록되어 있다. 『서양요리지남』에 소개된 레시피에는 이렇게 쓰여 있다. "파 1뿌리, 생강 반 개, 부추 조금을 잘게 다져 우유버터 1큰술로 볶고 물 한 홉 반을 넣은 뒤, 닭고기, 새우, 도미, 조개, 붉은 개구리 따위를 넣고 잘 끓인 뒤, 카레 가루 1작은술을 넣고 끓인다. 서양식으로 한 시간 정도 끓이고, 충분히 익으면 소금을 넣고, 또 밀가루 2큰술을 물에 풀어 넣는다." 이 레시피에는 놀랍게도 붉은 개구리가 들어간다. 아직 일본에 소고기가 보급되지 않았기에 개구리 고기를 사용했던 것일까? 그 맛은 어떠했을까? 오래된 요리책을 읽으며 상상의 나래를 펼쳐본다.

지금은 '카레라이스'라고 부르는 밥과 카레는 메이지에서 다이쇼시대의 문헌에는 '라이스카레'로 기록되어 있다. 유명한 삿포로농학교(홋카이도대학의 전신) 기숙사 식단에는 하루 걸러 한 번 라이스카레가 제공되었다고 한다. 마침 비프스테이크를 비롯해, 돈가스, 비프스튜, 오믈렛, 치킨라이스, 으깬 감자와 같은 서양 요리가 서민들 사이에 퍼지기 시작했다. 소고기가 문명개화의 상징이 되면서 오늘날의 '스키야키'처럼 고기를 조리하는 전골집이 생겨나며 빠르게 보급되었고, 라이스카레도 권장되었다고 한다. 메이지시대의 여성지 「부인잡지婦人雜誌」에는 '즉석 라이스카레'라는 레시피도 등장하는데, 가다랑어 육수를 넣고 마지막에 간장으로 감칠맛을 더하는 등 일본인의 입맛에 맞춰 개량된 것을 볼 수 있다. 그리고 1903년, 마침내 국산 카레 가루가 출시되면서 누구나 라이스카레를 즐겨 먹게 되었다.

일본에서는 헤이세이시대(1989-2019)에 '에스닉 요리 붐'이 일면서 인도식, 타이식, 베트남식 등 다양한 국가의 카레가 유행했지만, 아버지는 변함없이 도쿄제국호텔 카레 소스를 고집했다. 카레 소스를 만드는 과정은 무척이나 길고 복잡하다. 먼저 넉넉한 양의 버터에 양파, 마늘, 생강을 볶고 밀가루와 카레 가루를 넣어 재료에 충분히 밸 때까지 볶아 루를 만든다. 거기에 치킨스톡, 토마토퓌레, 사과, 처트니 등을 넣고 몇 시간 동안 보글보글 끓이는 것이다. 아버지의 영역에는 절대로 손대는 법이 없는 어머니였지만, 카레만은 아버지처럼 만들고 싶었던 듯하다.

"엄마, 나 내일 저녁은 아빠가 만든 것 같은 카레가 먹고 싶어."

"이런. 냉장고에 아빠의 카레 소스가 없는데…. 아, 그러고 보니 가반 카레가 있었지. 엄마가 만들어볼게!"

지금은 하우스식품의 산하로 들어간 '가반'이라는 브랜드는 카레 소스를 손쉽게 만들 수 있도록 각종 향신료를 봉지에 담아 판매했다. 고형 제품보다 번거롭긴 하지만, 그 봉지의 분량대로 향신료와 다른 재료를 넣어 카레를 만들면 도쿄제국호텔의 카레라이스와 똑같은 맛은 아니어도 인도 카레와는 다른, 정통 일본식 카레를 만들 수 있었다. 아버지는 업소용 식재료를 주문할 때 이 가반 카레를 따로 주문해서 집에 가져오곤 했다. 아버지가 어머니에게 요리를 전문적으로 가르쳐주는 모습을 본 적은 없다. 하지만 고집스러운 어머니가 아버지의 전문 요리를 배우고 싶어할 때면 아버지는 무심한 듯 힌트를 제공했다. 80대에 접어들어서도 각자의 영역에는 절대로 들어가지 않았던 나의 부모님. 그러고 보니 아버지가 은퇴하고 엄마의 치매가 시작된 후로 빨간 에스비 깡통도 보이지 않게 되었다.

> 자부심을 담은 프라이팬
>
> # 돈가스

친정집 주방 구석에는 오래 써서 밑바닥이 새카매진 철제 프라이팬이 있었다. 어머니의 주방이지만 그 프라이팬만은 '아버지 전용'이었다.

"으앗, 기름에 불이 붙으면 어떡해! 기름을 그렇게 많이 부어야만 튀길 수 있는 거예요?"

서울에서 찾아온 손자와 사위가 특히 좋아하는 새우튀김을 만들기 위해 바닥이 깊은 프라이팬에 기름을 붓고 뜨거워지길 기다리는 아버지 옆에서 나는 무심코 잔소리를 하고 말았다. 나는 어렸을 때부터 성냥으로 불도 못 붙일 정도로 불을 무서워했다. 그래서 아버지가 튀김을 만들 때면 기름이 넘치지 않을지 조마조마한 심정으로 아버지 옆에 서 있곤 했다. 새우든 어묵이든 크로켓이든, 무엇이든 바삭하게 튀겨내는 아버지의 손끝에서 눈을 떼지 못하면서 말이다.

그 철제 프라이팬은 수십 년 동안 늘 아버지 곁에 있었다. 스테이크용 프라이팬은 별도로 있었고, 아버지가 튀김 요리를 할 때만 꺼내는 프라이팬이다.

"가쓰레쓰(커틀릿) 한번 튀겨볼까? 소고기로."

"아빠가 해준다면 당연히 좋지. 근데 가쓰레쓰라니, 대체 언젯적 표현이야. 메이지시대 표현 아니야?"

"맞아. 가쓰레쓰가 줄어서 돈가스가 된 거지. 일본식 튀김처럼 고기를 튀기는 건 긴자의 렌가테이 선대가 생각해낸 요리법이란다."

아버지가 도쿄제국호텔에 근무하던 1970년대에 자주 들렀다는 '렌가테이煉瓦亭'는 1895년에 문을 연 양식당이다. 개업 당시 긴자의 한복판에 있는 식당에 외국인이 출입하는 모습을 보고 유행에 민감한 사람이 분명 맛있는 식당일 거라며 입소문을 낸 것을 시작으로 일본인 손님도 북적이게 되었다는 이야기가 전해진다. 렌가테이의 주인은 처음에는 빵가루를 입힌 돼지고기를 소테해 오븐에 넣어 한 장 한 장 만드는 조리법으로 코틀레트côtelette를 만들었다. 그러다 일본의 튀김처럼 튀기는 요리법을 고안해낸 것이다. 한 번에 여러 장을 튀길 수 있으니 손도 덜 수 있었다. 여기에 코틀레트에 곁들이던 익힌 채소를 산뜻한 생양배추로 대체하자 그 결과는 대성공이었다! 튀긴 포크커틀릿과 생양배추의 조합이라는 '돈가스 정식의 원형'이 이렇게 탄생한 것이다.

한편, 메이지시대에 소고기가 대표적인 개화 식재료로 알려지면서 일본인에게 돼지고기보다 소고기가 더 익숙해졌다. 그래서 소고기를 튀긴 커틀릿이 거부감 없이 받아들여졌고, 아버지가 가끔 만들던 '비프가스'가 탄생하게 되었다. 1890년에 창업한 도쿄제국호텔 레스토랑에서도 비프가스, 즉 비프커틀릿이 기본 메뉴였다. 하지만 러일전쟁이 일어나면서 소고기를 통조림으로 만들어 전쟁터로 보내게 되자 커틀릿의 주역도 소고기에서 돼지고기로, 유럽식 얇은 고기에서 두툼한 고기로 변해간다. 돈가

스라는 명칭은 쇼와시대 이후에 생겨난 듯하다.

    1990년대에 바르셀로나를 떠나 서울로 삶의 터전을 옮긴 나는 양배추 채를 곁들인 돈가스 정식이 무척 그리웠지만, 하숙집 원룸에서 돈가스를 튀기는 건 무리였다. 그러자 대학 친구들이 양식 레스토랑에 나를 데려갔다. 어느 시대, 어느 나라를 표방한 것인지 알 수 없는 묘한 분위기의 레스토랑이었는데, 1980년대 청년들이 데이트를 즐기는 명소였다고 한다. 그곳에서 나는 토마토색 소스가 넘치도록 듬뿍 얹힌 얇은 돈가스를 만났다. 곁들여 나온 음식은 한국에서밖에 본 적이 없는 조그마한 마카로니였던 것으로 기억한다. 나는 그 돈가스를 먹으며 독일에서 유학할 때 먹어보았던, 이탈리아가 원조이지만 남부 독일과 오스트리아의 대표적인 가정요리인 송아지 슈니첼을 떠올렸다. 송아지 고기를 얇게 펴서 빵가루를 입혀 프라이팬에 굽고 레몬즙을 뿌려 먹는 요리인데, 그 슈니첼과도 조금 달랐다. 그러고 보니 그 돈가스가 바로 렌가테이의 기본 메뉴 '가쓰레쓰'였다. 메이지시대로 타임슬립한 듯한 경험이었다.

결혼하자마자 시어머니가 "오늘은 돈가스를 만들어야겠다. 빵가루 묻히는 것 좀 도와주렴" 하며 돼지고기 등심을 사오신 일도 떠오른다. 역시 렌가테이의 가쓰레쓰처럼 약 6밀리미터 두께의 얇은 고기였다. 밀가루와 달걀물, 빵가루를 고루 입히며 시어머니가 물었다.

"일본 사람이니 돈가스 소스 정도는 만들 수 있겠지? 부탁하마."

아마도 그 토마토색 소스를 말씀하시는 것 같았다.

'빨간 소스는 만들어본 적이 없는데. 게다가 돼지고기는 1, 2센티미터 두께는 되어야 돈가스라고 할 수 있을 텐데…'

나는 속으로 중얼거리며 괜스레 심통을 냈다. 아무 래도 얇은 돼지고기로는 제대로 된 돈가스를 만들 수 없겠다고 생각한 나는 '돈가스 덮밥'을 만들기로 했다. 아버지에게 배운 안심 돈가스에 어머니의 특제 소스를 얹고 채 썬 양배추와 함께 밥 위에 올렸다. 시어머니가 준비해준 돼지고기는 얇아서 금세 튀겨졌고, 친정에서 가져온 된장으로 일본식 된장국도 만들었다. 그날 저녁, 시어머니와 함께 덮밥을 먹으며, "돼지고기가 얇으면 오늘 저녁처럼 이렇게 먹는 게 좋아요. 다음에는 제가 두툼한 고기로 제대로 된 돈가스를 튀겨볼게요" 하며 일본식 돈가스에 대해 조곤조곤 설명했다. 돌아보면 그전까지 시어머니는 내가 요리를 못한다고 생각하셨던 것 같다. 하지만 그날 이후로 일본 요리에 대해서는 내게 말씀하지 않게 되었다.

"튀김 요리는 튀기는 순간에 모든 맛이 결정된단다. 프라이팬 앞에서는 신경을 집중해서 기름 소리에 귀를 기울이고 기름에서 떠오르는 거품 크기를 잘 지켜봐야 해."

바닥이 새까만 철제 프라이팬을 뚫어지게 응시하던 아버지. 그 목소리는 언제나 나의 나침반이 되어 요리를 대하는 마음을 단단히 붙잡아준다.

요리복을 입은 산타클로스

로스트 치킨

크리스마스 시즌이 돌아왔다. 오랫동안 둘째 아들과 함께 만들던 크리스마스트리를 이제 남편 혼자 묵묵히 장식한다. 사회인이 되어 각자의 인생을 걸어가기 시작한 20대의 두 아들. 주말에 연희동 집에 들르면 근처 고깃집을 가거나, 아이들이 좋아하는 음식을 몇 가지 준비해 같이 저녁을 먹으며 자잘한 일상을 서로 이야기하는 정도이다. 그러고는 다음 날 아침, 아침밥을 먹고 총총히 저희 갈 길을 간다. 결국엔 아이들에게 묻고 싶었던 것을 미처 못

묻고 전화를 걸고 문자메시지를 보낸다. "참, 물어본다는 걸 깜빡했는데…."

남편 혼자 장식한 크리스마스트리를 물끄러미 바라보니 독립한 아들들과의 추억이 방울방울 떠오르고, 내 어린 시절의 일들도 생각난다. '그러고 보니 어렸을 때 가족들과 크리스마스 파티를 하거나 골든위크 연휴에 가족 여행을 떠난 기억이 없네' 하고 혼잣말처럼 중얼거렸다. 부모님과 함께한 기억이 주마등처럼 떠올랐다가 물거품처럼 사라져버린다. 그게 마음에 남은 탓일까. 남편이 수험생인 아들과 가족 여행을 계획해도 반대하지 않았다. 언젠가 아이들이 어른이 되어 혼자 살거나 제 가정을 꾸리더라도, 어린 시절 가족과 함께한 기억이 마음의 자양분이 되어줄 거라 믿었다.

초등학교 2학년 때 독일에서 일본에 돌아온 우리 가족은 아버지 본가가 있는 사도가시마에 살게 됐다. 크리스마스 무렵이면 집 근처 상점가 스피커마다 '징글벨' 노래가 울려 퍼졌다. 쇼와시대의 상점가 풍경과 함께 그 노랫소리가 귓가에서 끝없이 되풀이된다.

"산타클로스가 일본까지 올 리 없잖아. 독일에서 집에 왔던 산타 할아버지는 독일 사람이었어. 일본 사람이 산타 할아버지가 될 수 있겠어?"

심술쟁이 소녀는 산타클로스가 없다는 걸 일찌감치 알아차렸다. 그런 내가 산타클로스를 믿는 남동생까지 꿈에서 깨게 할까 봐 부모님이 노심초사했다는 후문이다.

독일에 살던 시절에는 천장이 높고 거실이 넓은 집이어서 부모님이 커다란 크리스마스트리를 집 안에 들여 장식하고 그 밑에 선물을 놓아두었다. '진짜로 산타클로스가 밤중에 굴뚝으로 들어와 선물을 두고 간 건 아닐까?' 하고 믿어보려고 애썼던 것 같다. 한편, 사도가시마의 집은 전형적인 일본 가옥으로 천장이 낮아 독일 집에서처럼 커다란 트리를 들일 수가 없었다. 대신 어머니가 도코노마(족자나 꽃꽂이로 장식하는, 바닥에서 단을 높인 공간)에 조그만 트리를 만들었다.

"도시 군, 얼른 일어나! 저기 목욕탕 앞에 산타 할아버지가 선물 놓고 가셨어!"

크리스마스 아침, 아직 산타 할아버지가 있다고 믿는 남동생을 깨워 목욕탕으로 데려갔다. 도코노마 트리 밑이 아니라 보일러 배기구에서 가까운 목욕탕 입구에 선물이 놓여 있었다. 현관으로 들어오면 들킬 테니 굴뚝으로 몰래 들어온다고 믿던 남동생이 순진한 얼굴로 선물 포장지를 뜯었다. 그 옆에서 나는 진실을 말해줄까 말까, 하고 입이 근질근질했다.

쇼와시대 셰프에게 크리스마스야말로 연중 가장 바쁜 날이 아니었을까? 사도가시마에서 살 때는 매년 크리스마스이브 오후에 하얀 요리복을 입은 아버지가 빨간 리본을 묶은 로스트 치킨을 종이봉투에 넣어 선물처럼 배달해주었다. 저녁 먹을 때까지 기다리기가 힘들어 식탁 위에 동그마니 올라 있는 로스트 치킨의 알루미늄 포일을 들키지 않게 살짝 찢고 안을 들여다봤다. 노릇노릇하게 익은 치킨의 고소한 향기. 그날 저녁, 아버지의 로스트 치킨과 어머니가 만든 감자 샐러드, 버터에 볶은 심플한 파스타가 있는 크리스마스이브 저녁 식탁 앞에 언제나처럼 엄마와 남동생, 나 셋이 둘러앉았다. 크리스마스이브나 생일날 아버지가 안 계시는 건 어릴 때부터 너무나 당연한 일이었다. 크리스마스이브 저녁에 요리복을 입은 아버지가 로스트 치킨을 가지고 집에 들르는 게 얼마나 어려운 일인지

어린 마음에도 조금은 짐작이 되었다. 그래서 아버지 품에 매달리며 빨리 들어오라고 조르지 않았다. 지금 생각해보면 요리복을 입은 아버지가 바로 내 산타클로스였는데 말이다.

지난겨울 설을 앞두고 크리스마스트리를 창고에 넣으며 남편은 정든 오너먼트 몇 개만 남기고 나머지를 처분했다. 그래서인지 올겨울 크리스마스트리는 모조 나무의 초록 잎이 유난히 번쩍거린다. 장식조명도 너무 눈부시다. 독일에 살 때 부모님과 크리스마스 마켓에 가서 트리 장식을 하나하나 사 모았다. 어머니는 그때 산 오너먼트를 소중히 간직해두었다가 연희동 집에 가서 장식하라며 어린 손주들에게 물려주었다. 그 나무 인형과 전나무용 장식이 연희동 스튜디오의 크리스마스트리에 조롱조롱, 어쩐지 쓸쓸한 느낌으로 달려 있다.

대사관에서 근무하던 시절, 아버지는 여름과 겨울에 장기 휴가를 받았다. 그 시절 사진에는 가족 넷이 네덜란드나 독일 남부를 여행하던 모습이 담겨 있는데, 사진 속 풍경과 기억이 잘 이어지지 않는다. 서울 집으로 가져

가려고 사진을 정리하는데, 예닐곱 살쯤 된 내가 성벽을 배경으로 찍혀 있는 독사진 한 장을 찾았다.

"아빠, 이 사진 어디서 찍은 거야? 왜 나 혼자 있어?"

"아, 그거. 히데코랑 둘이 벨기에로 당일치기 버스 여행 갔을 때 찍은 거구나. 그때 엄마가 몸이 안 좋아서 못 갔거든. 네 동생까지 데려가면 아빠 혼자 너무 힘들 것 같아 히데코랑 둘이 다녀오기로 했지."

"그랬구나. 기억이 안 나는데. 아, 맞다! 아빠랑 관광버스 타고 어딘가 갔던 건 기억나. 다른 승객들은 전부 독일 할아버지, 할머니였고."

"근데 말이다. 그때 아빠가 아주 크게 사고를 쳤지 뭐냐. 벨기에 국경 검문소에서 히데코가 여권이 없다며 버스에서 내려야 한다는 거야. 히데코는 아직 여섯 살밖에 안 됐으니 여권이 없어도 괜찮겠지 싶어서 아빠 여권만 가지고 갔거든. 하하!"

돌아가신 엄마가 늘 속 편한 아버지라고 했던 이유가 있다.

"그래서 어떻게 됐어? 나, 벨기에 못 갔어?"

"당연히 갔지. 그 사진은 벨기에에서 찍은 거야. 독

일 총영사관에 연락해서 검문소에 이유를 설명해달라고 부탁해서 무사히 입국했지. 하하하하!"

아버지가 대사관에서 근무하지 않았더라면 여섯 살 꼬마였던 내가 무국적자가 되어버렸을지 모른다! 순간 간담이 서늘했지만, 너무나 아버지다운 에피소드에 쉰이 된 딸과 여든이 넘은 아버지가 그저 같이 웃었다.

그러고 보니 로스트 치킨 이야기를 하는 중이었다. 나는 로스트 치킨 말고는 닭 요리를 별로 즐기지 않는다. 닭고기를 싫어하지는 않지만, 예를 들어 레스토랑에서 메인 요리를 고를 때면 소고기, 돼지고기, 닭고기나 오리고기 중 닭고기나 오리고기를 가장 먼저 후보에서 제외한다. 닭 요리의 소스가 크림 계열이니 식욕을 자극하겠지만, 결국에는 소고기나 돼지고기를 고른다. 그럼에도 닭고기는 지중해 요리에서 자주 쓰이는 재료이고, 중화요리나 다이어트 식단에서도 빠지지 않는다. 맛이 담백해서 일본 요리에도 자주 사용된다. 한국에서도 보양식인 삼계탕부터 이런저런 닭 요리를 즐긴다. 그런데도 반찬을 할 때 닭고기를 거의 쓰지 않는다. 내가 넘겨짚는 것일지 모르지만 식구들도 닭고기를 그리 좋아하지 않는 것 같다. 그래서 집 냉장고에 닭고기를 사두는 경우가 별로 없고, 요리교실 재료로만 구입한다.

크리스마스트리를 장식하던 무렵이 마침 어머니 1주기라 혼자 가나자와에 다녀왔다. 소도시인 가나자와에서도 슬슬 크리스마스 분위기가 느껴졌다. 산타클로스처럼 로스트 치킨을 배달해주던 아버지도 만나고 왔다. 서울에 돌아와 남편이 꾸며놓은 트리를 바라보고 있자니 빨간 리본을 발에 묶은 로스트 치킨이 문득 그리워져 오랜만에 구워보았다. 닭고기가 구워지는 오븐에서 말로 형용할 수 없는 고소한 향기가 풍긴다. 12월 요리교실 메뉴로도 넣어봤는데, 예전에 어머니가 종종 구워주셨다며 반가워하는 학생도 있었다. 식재료와 요리가 넘쳐나 마음만 먹으면 뭐든 먹을 수 있는 요즘이다. 그래서 이 심플한 로스트 치킨이 더욱 매력적으로 다가온다.

아들들이 초등학생일 때 나 역시 크리스마스 무렵이면 근처 사는 친구들을 초대해 큼직한 토종닭 두 마리를 오븐 가득 구웠다. 깨끗이 씻어 손질한 닭 속에 타임과 마늘을 가득 채우고 소금과 올리브 오일을 꼼꼼히 바른 뒤 오븐에 넣는다. 감자, 단호박, 연근, 우엉, 당근, 다양한 뿌리채소에 소금과 올리브 오일을 뿌리고, 오븐에서 굽던 닭을 잠시 꺼내 그 주위에 두르듯 올린 뒤 다시 오븐으로. 그렇게 대략 한 시간 정도 구워낸 닭고기는 순식간에 모두의 배 속으로 사라졌다. 나는 닭고기 기름이 밴 채소를 더 좋아한다. 가끔 가슴살이 조금 남아 있으면 내 앞접시에 올리지만, 사실 감자가 더 맛있다. 로스트비프는 잘라서 각자 앞접시에 나누다가 '이런, 나 먹을 게 없네!' 하고 낙담하기도 하지만, 로스트 치킨은 그런 마음이 들지 않는다. 언젠가 내가 그런 얘기를 하자 어머니가 말했다. "히데코는 진짜 아이 같다니까."

꽤 오래전에 방영된 해외 요리 프로그램에서 영국 요리 연구가인 니겔라 로슨Nigella Lawson이 한밤중에 닭 한 마리를 오븐에 구워 먹기 좋게 썰고, 오븐 접시에 남은 기름에 삶은 페투치네 면을 버무려서 "그래, 이게 한밤의 즐거움이지!" 하고 중얼거리며 먹는 장면을 보았다. 소금과 후추로만 간을 해서 먹는 것 같았다. 그 뒤로 남은 로스트 치킨 기름에 남은 닭고기를 손으로 찢어 넣고 페투치네를 삶아 버무려 먹는 게 요리교실 고정 메뉴로 자리 잡았다.

이번에도 다들 감쪽같이 접시를 비웠다.

어머니 1주기를 지내고 며칠 뒤, 아버지와 나는 삶에서 마지막으로 먹고 싶은 음식에 대해 이야기를 나누었다.

"사람 성격이 제각각이듯 음식도 다들 개성이 다르니까. 달걀 푼 국일까? 아무래도 어렸을 때부터 먹었던 좋아하는 음식이 마지막 한 접시가 되겠지. 맛은 기억이니까."

"그렇지. 엄마는 마지막에는 완전히 기억이 흐려져서 자기가 뭘 먹고 싶은지 말을 못 했어. 너무 아쉬운 거 있지. 치매가 심해지기 전에 제대로 물어볼걸."

나는 뭘 먹고 싶을까? 평소 닭고기를 즐기지 않는 나지만 크리스마스와 함께 떠오르는 빨간 리본을 묶은 로스트 치킨은 어떨까. 그 고소한 향기와 파삭한 가슴살 식감, 오븐 접시에 남은 간간한 기름에 버무린 페투치네를 떠올리게 되는지도 모르겠다.

> 맛있다는 한마디
>
> # 로스트비프

    65세에 정년퇴직을 하고 좋아하는 도쿄로 돌아온 아버지는 아직 다리도 허리도 튼튼하다며 자기 가게를 차리고 싶어했다. 그렇게 아버지가 셰프로서 요리를 낸 마지막 레스토랑 '이로도리彩'가 2002년 문을 열었다. 도쿄 도심에서 벗어난 에도가와 구 후나보리船堀에 있었는데, 신주쿠에서 도에이 신주쿠선을 타고 30분이면 닿을 수 있었다. 교통이 편리한 곳이어서 아직 어린 아이들을 데리고 종종 찾아가곤 했다.

아버지가 자기 가게를 운영하는 것은 처음 있는 일은 아니었다. 독일 대사관 업무를 마치고 귀국한 아버지는 고향인 사도 섬에 작은 프렌치 레스토랑을 열었다. 일본에서는 자주 볼 수 있는 자택 겸 점포로, 1층에 가게를 꾸리고 우리 가족은 2층에 살았다. 아버지는 처음 갖는 레스토랑 이름을 '나카가와'라고 지었다. 도쿄의 대학에 들어가 상경할 때까지 8년간, 나는 오너셰프로 악전고투하는 아버지의 하루하루를 한 지붕 아래에서 똑똑히 지켜봤다. 당시 사춘기의 한가운데를 지나던 나는 그런 아버지가 이유 없이 미웠고, 아버지 일에도 관심이 없었다. 아버지가 레스토랑을 시작한 이유며 마침내 갖게 된 자신의 가게를 끝내 정리하게 된 이유도 나로서는 알 턱이 없었다.

나이 사십에 요리의 길에 들어서면서 비로소 알게 된 사실이 있다. 요리든 공예든, 창작을 하면서 현실의 숫자를 직시하기란 정말이지 어렵다는 것. 요리를 창작하면서 경영까지 해내기에 미슐랭 3스타를 받을 수 있다는 것. 그런 세계에서 동떨어져 사도라는 낙도에서 묵묵히 좋아하는 요리를 만들던 완고한 아버지. 프랑스 요리 보급에 공헌했다며 훗날 대통령이 된 파리 시장 자크 시라크에게 상까지 받았지만, 아버지는 능수능란한 처세술과는 거리가 먼 사람이었다. 훈장을 받은 것을 발판으로 투자자를 찾아 비즈니스를 확장하자는 식의 명예욕이나 야심이 눈곱만큼도 없었던 아버지는 손해득실을 계산하지 못하고 끝내 나카가와 레스토랑을 닫고 사도를 떠나야 했다. 아버지 이상으로 예술가 기질이 있는 어머니 역시 곁에서 잔소리는 할지언정 구체적인 경영에 대해 조언하거나 매출을 관리하지는 않았다. 한곳에 자리 잡지 못하는 아버지를 따라 이사를 거듭하면서도 "아빠처럼 기술이 있는 건 대단한 거야" 하며 우리 앞에서는 요리사 아버지를 치켜세웠다. 마지막까지 아버지를 따라 터를 옮기며 "네 아빠도 참, 한결같이 천하태평이라니까" 하고 장난스럽게 웃던 어머니. 어머니가 치매에 걸리기 전, 묻고 싶은 게 하나 있었다.

"엄마는 그렇게 자기 맘대로 사는 아빠 어디가 좋았어?"

딸보다는 여자로서 어머니와 그런 대화를 나눴더라면 어머니에 대해 더 많이 알게 됐을 텐데. 후회해보지만 이제 어머니는 곁에 안 계신다.

이로도리는 부모님이 살던 후나보리의 맨션에서

걸어서 3분 거리에 있었다. 정기휴일이면 셔터를 반쯤 내리고 한국인인 나의 남편이 삼겹살을 굽기도 하고, 집에서는 부엌이 기름투성이가 된다며 어머니가 좀처럼 허락하지 않는 비프스테이크를 아버지가 지글지글 굽기도 했다.

"할아버지, 스테이크 맛있었어요! 잘 먹었습니다!"

작은 두 손을 공손히 모으며 할아버지에게 인사하는 손자들. 유치원에 다니는 어린아이라도 맛있는 건 아는 법이다. 바로 그때였다.

"어이어이! 너희 둘, 뭐 잊은 것 없어?"

아버지는 기분 좋게 웃으며 손자들을 계산대가 있는 카운터로 부른다.

"오늘 스테이크 금액은 100엔입니다."

무슨 영문인지 몰라 어리둥절해진 아이들.

"여기는 레스토랑이니까 제대로 값을 내야지. 쇼짱, 100엔. 도모 짱, 100엔."

아버지가 설명하자 마침 지갑을 갖고 있던 큰아들이 지퍼를 열고 100엔 동전을 꺼내 카운터 위에 올려놓았다. 둘째는 옆에 있는 남편에게 "나도 나도!" 하며 동전을 달라고 졸랐다.

20년이 지난 지금도 남편과 아버지 이야기를 나눌

때면 꼭 이 이야기를 그리운 마음으로 꺼내게 된다. 아버지는 셰프로서의 자존심을 손자들에게도 전하려 하신 것이다. 아버지만큼 스테이크를 굽지는 못하지만, 아버지가 스테이크를 구울 때의 그 고소한 향기와 입속 가득 퍼지는 육즙의 맛만은 지금도 또렷한 형태로, 마음과 혀로 기억하고 있다.

주방까지 합해 50제곱미터 남짓한 이로도리 레스토랑은 동네 주민들의 쉼터였다. 근처에 사는 노부부가 런치 세트를 먹으며 신문을 보고 식후 커피까지 즐기며 오후 한때를 보내거나, 은행 직원들이 점심을 먹으러 왔다가 다음 날 회식까지 예약하고 가기도 했다. 저녁에는 아버지의 두툼한 스테이크와 레드와인을 즐기러 가족 단위 손님들이 찾아왔다. 가끔 갤러리 오프닝이나 연회 등 케이터링 주문도 들어왔다.

"내일 갤러리 메뉴는 차슈로 할까, 로스트비프로 할까?"

아이들의 방학을 맞아 친정에 왔다가 케이터링 준비를 돕는 내게 아버지가 물었다. 평소 아버지의 로스트비프 팬이었던 나는 곧장 대답했다.

"나도 먹고 싶으니까 로스트비프로! 많이!"

케이터링 전날 오후의 이로도리 주방, 커다란 도마 위에 호주산 설로인 덩어리가 올려져 있었다. 키친타월에 싸인 소고기 덩어리는 비계 부분이 제거되어 말끔히 정돈된 상태다.

"소고기는 말이지, 굽기 두 시간 전에 냉장고에서 꺼내둬야 한단다."

조리대 위 소고기를 만져보니 미지근하다. 그렇구나.

"자, 히데코가 구워보렴. 먼저 실로 묶어야지. 차슈를 요리할 때와 같아. 소금, 후추 제대로 발라주고."

아버지가 굽는 걸 늘 어깨 너머로 지켜보기만 했던 나였다. 작은 소고기 덩어리로 연습은 해봤지만 2킬로그램이 넘는 큰 덩어리를 굽는 것은 처음이다. 이로도리에는 두 사람이 작업하기엔 다소 비좁은 주방 한가운데에 대형 가스레인지가 있었다. 아버지가 그 위에 직경 30센티미터가 넘는 커다란 업소용 프라이팬을 올렸다.

"어? 내가 구워도 돼?"

"그럼. 구워봐. 그 정도는 할 수 있잖아."

그때의 긴장감이 지금도 생생하다. '그저 고기 굽는

건데 뭐. 소고기 덩어리나 로스트 치킨이나 통째로 굽는 건 평소에도 해봤잖아. 겁먹을 필요 없어. 해보자고! 못 굽는다고 아버지가 호통치실 것도 아니고. 아자!' 프라이팬에 기름을 두르고 달군 뒤 커다란 소고기 덩어리를 올렸다. 프라이팬이 지글지글 소리를 내며 고소한 냄새가 퍼져 나갔다. 그래, 느낌이 온다! 어떻게든 될 것 같다!

"슬슬 뒤집어도 되겠네."

"어? 멀리서 보지도 않고 어떻게 알아?"

"그야 소리로 알지."

그렇구나. 그러고 보니 굽기 시작할 때보다 지글거리는 소리가 잦아들었다. 뒤집어보니 표면이 제대로 노르스름하게 잘 구워져 있다. 고기에서 나온 기름이 반대쪽 표면도 지글지글 구우며 고소한 냄새가 주방을 가득 채운다. 양면이 잘 구워진 고깃덩어리에 큼직한 요리용 포크를 꽂아 양파와 감자가 고루 깔린 오븐 접시로 옮겨서 오븐으로 투입. 지나치게 구워지지 않도록 타이머와 오븐 창에서 눈을 떼지 않았다. 아버지는 슬슬 뒤집으라는 한마디 말고는 다른 말을 하지 않았다. 다음 날 로스트비프는 갤러리 오프닝의 주인공이 됐고, 맛있다는 칭찬을 잔뜩 받았다. 즐거워하는 모두의 얼굴이 잊히지 않아 서울에 돌아와서도 주야장천 로스트비프를 구웠다.

"있잖아, 이로도리 런치 메뉴로 로스트비프 덮밥을 내면 어떨까? 한번 구워두면 며칠 거뜬하고, 소스만 맛있게 만들면 런치 세트로도 좋지 않을까?"

나는 일흔 넘은 아버지에게 이렇게 제안했다. 아버지도 고개를 끄덕한다. 몇 개월 뒤 다시 친정을 찾았을 때, 로스트비프 덮밥은 이로도리 레스토랑의 인기 메뉴가 되어 있었다. 로스트비프를 구울 때면 영국풍 요크셔푸딩이나 으깬 감자를 더하거나 샌드위치로 만들던 나도 흰밥에 간장 소스를 듬뿍 끼얹은 로스트비프를 식탁에 올려보았다. 역시, 로스트비프 덮밥은 우리 집에서도 인기 메뉴로 등극했다.

"선생님 로스트비프는 아무도 못 따라가요. 저희는 그렇게 못 구우니까 선생님이 구워주셔야 해요."

요리교실에서 로스트비프를 구워볼 사람 없느냐고 묻는데 아무도 대답을 안 한다. 몇 개나 되는 레시피 메뉴를 각자 분담해 만드는, '다 같이 파티 준비' 같은 느낌의 요리교실인데, 어째서인지 아무도 구워보겠다고 나서지 않는다. "흐음. 별수 없지." 그렇게 혼잣말을 하며 오늘도 히데코 선생님은 로스트비프를 굽고 있다. 그래도 아버지의 스테이크 비결은 남편이 계승했는지 그가 구워준 스테이크가 정말 맛있다. 이제 스테이크는 남편에게 맡겨도 될 것 같다.

> 마법의 주문을 걸다
>
> # 생선 요리

생각해보니 아버지가 만드는 풀코스 프랑스 요리를 먹어본 적이 없다. 이제 와 후회해도 소용없는 일이지만. 나는 스물넷에 이끌리듯 떠밀리듯 여행 가방 하나 달랑 들고 집을 떠나 스페인 바르셀로나에서 새로운 생활을 시작했다. 경력이 쌓이며 원숙함과 여유를 겸비한 아버지에게 요리를 배울 기회를 스스로 걷어찬 셈이다. 그 시절의 아버지가 내놓는 풀코스 요리 맛을 만끽하지도, 식재료 이야기에 귀 기울이지도 못했다.

"네 아빠 프랑스 요리는 도쿄제국호텔의 맛을 제대로 이어받았지!"

어머니는 늘 그렇게 말했다. 결혼한 뒤 남편과 함께 도쿄제국호텔의 프랑스 요리를 먹어보았다. 이 맛이 정말 아버지가 만든 프랑스 요리와 같은 맛일까, 궁금하지만 이제 지팡이 없이 걷지 못하는 아버지에게 풀코스 프랑스 요리를 주문할 수는 없는 일. 아쉬움이 마음을 무겁게 한다.

어머니 사십구일재로 가나자와를 찾았을 때, 잠시 남동생 집에 머물고 있는 아버지와 그간 못다 한 이야기를 나누었다.

"내가 고기 다루는 건 가르쳤는데 생선은… 흰살생선, 붉은살생선 조리법이 다른데 그걸 못 가르쳤구나. 제대로 기본을 가르쳤어야 하는데. 흰살은 화이트와인으로 플랑베(요리에 주류를 첨가해 센불로 단시간에 알코올을 날리는 조리법)하고, 붉은살은 마지막에 간장을 조금 더해주면 맛있지. 생선 구울 땐 확실히 구워야 하고. 인생이 어떠니 하는 얘기는 안 했더라도 요리의 기본은 가르쳐줄걸 그랬어. 기본이 중요하거든."

요리의 길을 걷는 딸로서, 남에게 요리를 가르치는 요리 연구가로서 아버지에게 많이 배우지 못했다는 후회, 그런 딸에게 제대로 가르쳐주지 못했다며 아쉬워하는 아버지…. 나는 비린내를 좋아하지 않아 평소 흰살생선을 즐겨 사고, 소금구이나 올리브 오일을 듬뿍 뿌린 아쿠아 파차(물과 화이트와인으로 생선을 찌는 이탈리아식 조리법)를 곧잘 한다. 그래도 최근에는 아버지의 말을 떠올리며 화이트와인으로 플랑베한 버터구이를 자주 만든다. 건강을 생각하느라 버터를 쓰기가 주저되는 요즘 같은 때에 역행하는 조리법 같지만, 그래도 가끔은 괜찮지 않을까.

"생각해보니 아빠 풀코스를 제대로 못 먹어봤더라고. 이제 와서 후회되는 거 있지. 혹시 딸에게 풀코스 프랑스 요리를 해준다면 메뉴를 어떻게 짤 것 같아?"

"그렇네. 히데코라면 평범한 메뉴로는 안 되겠지. 카르파초처럼 익히지 않은 요리로 시작하면 좋을 텐데 히데코는 생선회 같은 걸 안 좋아하니. 그래, 어린 연어가 맛이 순하달까, 부드러우니 좋겠지. 큰 연어는 소금에 숙성해 구워야 맛있고. 전채로는 생햄도 좋겠어. 다음은 역시 수프를 내야지. 콩소메 수프로. 순채를 띄운 건 아마 내가 처음일걸."

　　순채는 수련과의 수초로, 세계 각지에 분포되어 있지만 식용으로 쓰는 지역은 일본과 중국 정도다. 일본에서는 귀한 식재료인데, 아버지는 당신이 이 순채를 일찍부터 프랑스 요리의 콩소메 수프에 더했다고 뿌듯해했다.

　"순채를 띄운 콩소메 수프는 본 적이 없는데. 아빠의 코스 요리를 못 먹어본 게 정말 아쉬워."

　　아버지는 내가 하는 말은 들리지 않는다는 듯 말을 이었다.

　"그다음은 생선 요리지. 히데코 입맛에 맞게 화이트와인과 레몬, 버터로 깔끔하게 맛을 낸 가리비 뫼니에르. 마지막으로는 고기는 어린 송아지 안심 스테이크에 양송이버섯 소스를 곁들여서. 그래, 디저트도 내야지. 바바루아(우유, 설탕, 달걀, 젤라틴, 거품 낸 생크림 등으로 만드는 프랑스식 디저트)에 화이트와인으로 조린 과일, 레몬 콩포트를 곁들이면 어떨까."

　　아버지가 혼잣말하듯 구상하는 메뉴에 귀를 기울이며 요리들을 하나하나 떠올려보았다. 입안 가득 요리를 머금은 듯 가리비의 고소한 버터 맛이 퍼져나간다. 미각이 자극되면서 침이 고인다. 풀코스로 먹지는 못했지만 아버

지가 한 가지씩 만들어주던 프랑스 요리. 그 기억을 되살리며 나도 커다란 가자미를 통째로 프라이팬에 구워본다. 아버지께 직접 전수받지는 못한 화이트와인 플랑베, 그리고 타지 않게 주의하며 태우듯 열을 가한 버터 소스를 얼른 만들어 가자미에 끼얹는다.

"빠지는 부분 없이, 버터 소스를 골고루 꼼꼼하게

발라줘야지. 아빠라면 분명 이렇게 할 테니까!"

아버지의 레시피로 요리할 때는 늘 마음속으로 '아빠라면 이렇게 하겠지?' 하고 묻는다. 그 말이 내게는 마법의 주문이니까.

> 달콤한 꿈

디저트

아버지의 꿈은 원래 파티셰였다고 한다.

"중학생 시절, 여성지에 빵이나 양과자 사진이 나오면 한참을 바라보곤 했단다. 나도 이런 걸 만들 수 있게 될까 생각하면서."

교육과 문화적인 환경이 풍족하지 않은 섬에서 자란 아버지는 자연에서 배운 강인함과 음식에 대한 본능적인 감각을 갖춘 사람이다. 요리 한길로 60년의 세월을 견딘다는 건 웬만한 노력과 신념 없이는 불가능하다. 레스토랑 셰프라는 직업 특성상 사람들이 쉬는 휴일이면 새벽부터 밤늦게까지 더 바빴던 아버지. 그래서 내게는 놀이공원이나 해수욕장에서 아버지와 함께한 추억이 없다. 아홉 살이었던 내가 보호자가 된 양 네 살 아래 남동생의 손을 잡고 놀이기구를 타기도 하고, 동생의 튜브를 끌고 먼바다로 나가기도 했다. 그럴 때마다 아버지가 함께 놀아주는 집이 부러워 견딜 수 없었다. 그래서 어렸을 때부터 음식에 대해 관심이 많았으면서도 진로를 정할 때 요리 쪽을 철저히 제외시켰다.

"히데코가 초등학생일 때 레스토랑 주방에서 가스레인지에 프라이팬 세 개를 동시에 올려놓고 차례차례 크레이프를 굽지 않았겠니. 그때부터 알아봤지. 정말 대단했단다!"

아무리 피곤해도 자식들 앞에서는 늘 웃음을 보여준 아버지였지만 웬만해서는 칭찬도 꾸중도 하지 않았다. 그런 아버지가 마흔 살이 되어 요리를 업으로 택한 딸에게 한 최고의 칭찬이었다. 나는 더할 나위 없이 기뻤다.

프랑스 요리뿐만 아니라 유럽의 식문화는 대개 수프나 샐러드 같은 애피타이저로 시작해 메인 요리로 이어지고 치즈 등의 디저트로 마무리된다. 영어 디저트dessert는 프랑스어 '데세르dessert'에서 유래한다. 데세르는 '식탁을 치우다'라는 뜻의 동사 '데세르비르desservir'에서 파생되었는데, 반대나 제거를 뜻하는 라틴어 접두사 de-에 음식을 내다servir가 결합된 말로, 식탁에서 음식을 거두는 행위를 의미한다. 여기서 '식사가 끝난 뒤에 나오는 음식'이라는 개념이 형성되었고, 16세기 프랑스에서 오늘날과 같은 '후식'의 의미로 쓰이기 시작했다. 식탁 위의 접시를 전부 치우고 잔만 남긴 뒤 설탕이 들어간 과자나 과일을 내놓는 것을 '디저트'라고 부르게 된 것이다. 아버지는 도쿄제국호텔에서 디저트 담당 부서에 배속되었을 때 가장 즐거웠다고 종종 회고했다. 파티셰의 꿈에 한발 다가갔기 때문이리라. 재직 중 파리 리츠칼튼호텔로 파견된 아버지는 의기양양하게 파리로 떠났다. 극동의 일본, 그것도 작은 섬에서 자란 아버지의 눈에 파리의 파티스리(pâisserie, 제과점)는 얼마나 눈부시게 보였을까.

바르셀로나에 살던 시절의 일이다. 멀리 일본에서 온 내가 가여워 보였는지, 주말이면 친구나 지인들이 집으로 초대해서 풀코스 요리를 대접해주곤 했다. 집에서 디저트까지 직접 만드는 일은 드물었기에 근처 파티스리에서 사오는 듯했다.

"히데코는 오렌지? 아니면 딸기?"

나는 어림짐작으로 오렌지 무스나 딸기 무스를 주겠거니 하며 오렌지라고 대답했다. 그런데 내 앞에 놓인 것은 직경 20센티미터 크기의 둥근 흰 접시에 덩그러니 놓인 오렌지 한 알이었다. 테이블에는 디저트용 포크와 나이프뿐. 이걸 어떻게 먹으라는 걸까. 그 자리에 외국인, 아니 아시아인은 나뿐이었다. 디저트로 과일이 통째로 나왔을 때는 어떻게 해야 하는지에 대해서는 아버지에게도 들은 적이 없었다. '큰일이다… 어떡하지?' 나는 당황스러웠다. 그런데 오렌지를 청한 사람이 내 맞은편에도 있는 것이 아닌가! 그는 오렌지를 포크로 푹 찌르더니 나이프로 오렌지 양끝을 잘라냈다. 그러고는 접시 위에 세운 채 끝을 잘라낸 부분에 포크를 찔러 고정한 후 나이프를 들고 세로로 껍질을 벗겼다. 하얀 속껍질까지 깨끗하게 정리된 오렌지가 당당하게 접시 위에 나타났다. 그의 손끝을 뚫어지게 응시하는 내 손에는 어느새 땀이 흐르고 있었다. 내 오렌지가 어떻게 됐는지는 기억나지 않는다.

요컨대 디저트로는 아이스크림이나 젤리, 바바루아, 블랑망제(우유에 생크림, 설탕, 젤라틴 등을 넣어 만든 푸딩) 등 소화에 좋은 음식이나, 비타민C를 보충할 수 있는 과일을 낼 수 있다. 지인의 집에서 그랬듯 말이다. '요리에 당분을 거의 사용하지 않는 서양 식탁에 부족한 당분을 보충하고, 허전한 혀에 달콤함을 선사하는 것'이 디저트가 생겨난 이유다. 아버지가 파티셰가 되고 싶었던 것도 식사의 마무리에 맛보는 행복을 제공하고 싶어서였다. 은퇴한 아버지가 내게 맡긴, 60년 동안 갈고닦은 레시피가 담긴 나무 상자 안에는 빛바랜 레시피 노트들과 함께 오르되브르와 디저트를 디자인해 색연필로 빼곡하게 그려 넣은 노트도 있었다. 가끔 그 노트를 꺼내 한 장 한 장 넘겨보는 것이 요즘의 즐거움이다. 담담하면서도 정밀한 터치로 그려진 아버지의 디저트 그림을 보면 당장이라도 만들 수 있을 것 같은 기분이 든다.

나는 어렸을 때부터 부모님 허락을 받고 레드와인 젤리를 즐겨 먹었다. 내가 자라서 술꾼이 된 건 그래서가 아닐까 하는 생각도 종종 해본다. 하지만 파리의 파티스리에서나 볼 법한 블랑망제를 서울에서도 살 수 있는 요즘,

쇼와시대의 촌스러운 와인 젤리에 누가 관심을 가질까 싶기도 했다. 나의 아이들은 일본 할아버지 집에 도착하면 가장 먼저 냉장고부터 열곤 했다. 냉장고 안에는 할아버지의 요구르트 케이크와 커스터드푸딩이 기다리고 있기 때문이다. 그 순간 아이들의 얼굴에 퍼지던 함박웃음이 지금도 생생하다. 다음 요리교실에서는 아버지의 블랑망제 레시피를 소개해보면 어떨까.

행복을 채우다

베를리너 도넛

베를리너. 달콤하고 어딘지 애틋한 이름의 간식이다. 어린 시절 입안 가득 베를리너를 베어 물면 속에 담뿍 들어 있던 라즈베리 잼이 입속으로 퍼지며 라즈베리의 새콤달콤함과 표면의 슈거 파우더가 절묘하게 어우러졌다. 베를리너는 그 이름의 울림과 함께 또렷한 모양으로, 혹은 아련한 행복의 기억으로 내 마음과 혀끝에 남아 있다.

"아빠가 아침에 출근하기 전에 베를리너 튀겨주신

대! 좋지? 오늘 간식은 베를리너야."

등교 준비를 마치고도 현관에서 꾸물꾸물 신발을 신던 나는 어머니의 그 한마디에 마음이 톡 풀어졌다.

"야호! 얼른 먹고 싶다! 다녀오겠습니다!"

자식 마음 들여다보는 건 엄마에게 식은 죽 먹기인 모양이다.

섬 학교의 배타적인 분위기에 적응하지 못하던 초등학생 시절이었다. 학교에 가서도 내내 괴롭기만 했다. 독일에서 지낼 때는 어린 마음에도 불합리하게 느껴졌던 인종차별을 겪기는 했지만 어떤 의미에서 '나답게' 생활할 수 있었다. 그래서 '아이들을 위해' 사도로 돌아오기로 한 부모님을 원망하기도 했고, 사춘기 때는 엄마한테 무작정 화풀이도 했다. 또래 아이들과 어울리지 못했던 나는 독일에서나 일본의 사도에서나 대자연 속에서 뛰어노는 게 제일 마음 편했다. 그래도 부모님께 걱정 끼치고 싶지는 않아서 별일 없는 척하던 그시절, 식탁 위에 한가득 놓인 베를리너를 하나 집어 입안 가득 베어 물면 꿈을 꾸는 듯 행복해지고 마음이 누그러졌다.

밤늦게 레스토랑 문을 닫고 돌아오는 아버지는 아침에는 어머니와 아침을 들며 자잘한 얘기를 나누었고, 커

피를 마시고 천천히 출근했다. 내가 어렸을 때부터 그랬던 것 같다. 연회 예약이 없어 더 여유 있는 아침에는 우리를 위해 특제 간식까지 만들어두셨다. 애플파이며 다진 딸기를 듬뿍 올린 요거트 무스…. 매일 하나씩은 간식이 있었는데, 내가 제일 기다리던 간식은 단연 베를리너였다.

우리 집에서 '베를리너'라고 부르던 독일식 도넛의 정식 명칭은 '베를리너 판쿠헨Berliner Pfannkuchen'이다. 독일 베를린에서 오래전부터 전해져온 튀긴 빵으로, 1756년에 베를린의 제빵사가 커다란 팬(판)으로 튀겨낸 것이 기원이라고 한다. 지금은 세계적으로 유명해진 미국 도넛의 원형이라는 설도 있지만, 어디까지나 전해지는 이야기다. 영어권에서 '젤리 도넛'이라고 하는 것과 형태가 같다. 베를리너 판쿠헨을 처음 만든 제빵사는 전쟁이 발발했을 때 신체적인 이유로 병사로 나서지 못했고, 대신 음식으로 공헌하고자 오븐 없는 전쟁터에서도 조리할 수 있는 튀긴 빵을 고안했다고 한다.

겉은 바삭바삭하고 속은 보드랍고, 표면의 슈거 파우더와 속의 잼이 조화로운 베를리너. 밀가루 반죽을 발효

시켜 기름에 튀긴 뒤 열을 식혀 속에 라즈베리, 크랜베리, 살구 등 과일 잼을 넣고 마지막에 슈거 파우더를 듬뿍 뿌리면 완성이다. 연중 먹어도 좋은 베를리너는 사실 축제와 연이 깊은 간식이다. 독일 전국적으로는 한 해의 마지막 날에 먹고, 우리 가족이 살던 본, 쾰른이 속한 노르트라인베스트팔렌 주 등지에서는 성대한 카니발 시기에 먹었다. 또한 포르투갈계 이민자들에 의해 전해진 하와이의 말라사다, 폴란드의 파치키, 프랑스의 베녜도 베를리너처럼 카니발 시기에 먹는다. 부활절까지의 단식 기간이 시작되기 전에 설탕과 기름을 듬뿍 섭취해두는 건 어느 지역이나 매한가지인 것이다. 졸저『지중해 요리』에서 소개한, 초콜릿을 듬뿍 넣어 튀긴 시칠리아 도넛도 베를리너와 닮았다.

엄마표 도넛은 베이킹파우더를 박력분이나 핫케이크 가루에 섞어 반죽하고 발효 없이 곧장 튀겨내는, 한국의 꽈배기와 식감이 비슷한 고리 모양 도넛이었다. 강력분과 이스트를 섞어 발효시키는 베를리너 레시피는 어머니에게는 아버지의 영역에 속했는지 만들지 않으셨다.
"아빠. 다음 쉬는 날은 언제야?"
방학이 시작되면 나는 평일에 쉬는 아버지에게 몇

번이나 집요하게 물어댔다. 좋아하는 베를리너나 애플파이를 만드는 아버지 옆에서 같이 반죽을 하고, 갓 튀긴 베를리너에 짤주머니로 잼을 넣는 게 얼마나 재밌었는지 모른다. 아버지는 초등학교 4학년인 내게 크레이프 굽는 것은 허락했지만, 베를리너는 기름 때문에 위험하다며 멀찍이서 지켜보게 했다. 그래도 동글동글 반죽된 베를리너가 기름에 풍당 들어가 점점 부푸는 순간을 보는 게 너무 재밌었다. 같은 질문을 반복하는 딸의 집요함에 백기를 드는 아버지의 심정은 내가 엄마가 된 뒤에야 알게 됐지만.

    요리사의 길을 걷고자 도쿄로 상경하기 전까지, 아버지는 섬에서 제철 채소를 수확하고 생선을 잡고 조개를 따고 그날 먹을 반찬을 직접 만들었다고 한다. 아버지의 어린 시절 이야기에 귀를 기울이노라면 제철 식재료에 관심이 많은 나는 그저 부러울 뿐이다. 그리고 환경이 사람에게 미치는 영향이 얼마나 지대한지에 대해서도 곰곰이 생각해보게 된다. 민박을 경영하던 아버지의 본가는 전후에 간이 우편국을 열었다. 섬에서는 나름대로 부유한 환경에서 자란 아버지는 모친이 만들어준 찐 만주나 달달한 단팥죽이 그렇게 맛있었다고 한다. 막연히 섬사람으로 살 줄만 알았던 아버지는 낙도까지 배달된 모친의 「부인화보婦人画報」를 이리저리 넘겨보며 요리에 흥미를 갖게 되었다. 그런 소년의 마음을 읽은 모친 덕에 요리사가 되어 여러 주방을 경험했고, 자신의 요리를 완성한 지금은 어떤 후회도 없다는 나의 아버지. 한 곳에만 있으면 시야가 좁아질까 봐 도쿄제국호텔을 떠났지만, '제국호텔 출신'이라는 자부심을 갖고 60년 요리 인생을 완수했다고 어머니 장례식이 끝난 날 아버지는 내게 말했다.

　　　얼마 전 1층 스튜디오에 있던 요리책 책장을 2층 주거 공간으로 옮겼다. 17년이나 요리교실을 하다 보니 자꾸만 불어나는 식기와 조리도구를 수납할 공간이 절실해 벽이라는 벽은 죄다 장이 들어차 있다. 어림잡아 천 권은 넘을 내 애장 요리책은 어디에 수납할 것인가. 지인에게 선물하기도 하고 매년 처분하는데도 도무지 책은 줄어들 줄 모른다. 결국 가족이 총동원되어 산처럼 쌓인 요리책을 옮겼다. 책을 정리하던 중 본가의 아버지 책장에 꽂혀 있던 독일어 제과제빵 전문서를 발견했다. 1974년 출판된 책에서 특유의 곰팡내가 났다. 우리 가족이 독일에 살던 시절, 아버지가 참고했던 과자 책이다. 이 책이 아버지 책장에 프랑스어, 영어, 일본어 전문서와 함께 꽂혀 있었는데, 새삼스럽게 페이지를 넘겨보니… 있다, 베를리너 레시피가!

술 좋아하는 나는 단것을 그리 즐기지 않는다. 그래서인지 요리교실 메뉴도 디저트 없이 짜는 경우가 많다. 요리교실을 시작할 무렵엔 아버지 레시피를 활용하거나 평소 좋아하던 디저트를 만들어 식후에 나누고 레시피도 공유했는데 말이다. 벌써 몇 년째 함께하는 수강생에게 "선생님, 이제는 전처럼 디저트 안 주세요?" 하는 말을 듣기도 한다. 과자를 구우며 즐거워하던 아버지의 옆얼굴을 떠올리면서 다시 디저트를 만들어봐야겠다. 시칠리아 도넛 수업 때도 갓 튀긴 도넛을 입안 가득 넣고 하나같이 기쁜 얼굴들이었으니, 이번 달 요리교실에서는 베를리너를 튀겨보면 어떨까. 이 베를리너라면 다음에 가나자와에 갈 때 전날 튀겨두었다가 아버지께 가져다드릴 수 있을 테니 말이다. 아버지에게 베를리너는 가족과 함께했던 젊은 날의 추억과 아련한 행복의 기억을 되살려주겠지. 내 기억이 그러하듯이.

> 오후의 기다림
>
> # 간식

'간식'이라는 말을 좋아한다. 그 말이 주는 울림을 좋아한다. 동심으로 돌아간 듯한 기분. 영어로는 스낵snack, 프랑스어로는 구테goûter 또는 카트르 외르quatre heures, 스페인어로는 메리엔다merienda로도 불리는 간식. 카트르 외르는 오후 4시라는 의미인데, 딱 배가 출출해질 시간이다. 스페인의 메리엔다는 오전과 오후에 두 번 먹는 경우가 많다. 다른 나라에 비해 점심과 저녁 식사가 늦은 문화적 배경에서 유래한다. 일본 회사에 근무하던 시절,

아무리 업무가 바빠도 오후 3시 정도가 되면 늘 누군가가 "차 마실까요" 하며 차를 내기도 했다. 가끔은 가장 말단인 내가 솔선해서 차를 끓여야 하지 않을까, 하는 생각에 긴장하면서 오후 3시가 되기를 기다린 적도 있다.

　　　사실 나는 단 음식을 그리 좋아하지 않는다. 그럼에도 오븐에서 퍼지는 향긋한 냄새를 맡고 싶어서 케이크나 파이를 굽는다. 맛은 보지만 막상 먹으려 하면 한 조각밖에 먹지 못한다. 어머니는 그런 나를 보고 "그렇게 먹고 싶다고 노래를 부르기에 얼마나 먹으려나 했더니 겨우…" 하면서 어이없다는 표정을 짓곤 했다. 그래서일까. 학교에서 돌아온 나를 기다리는 간식은 대개 오니기리나 샌드위치였다. 일본에서 오니기리는 간식이 아니라 보통 점심 도시락으로 준비하는 주식이다. 케이크 같은 간식을 주면 투덜거리는 딸의 깡마른 몸이 걱정됐던 어머니는 오니기리를 자주 만들어주었다. 어머니의 오니기리에는 씨를 뺀 우메보시가 들어 있기도 하고, 때로는 간장에 절인 가쓰오부시나 다시마 조림이 듬뿍 들어 있었다. 그리고 항상 동그랗게 말아 김으로 감싼다. 그런데 가끔 식탁 위에 김 없이 새하얀 세모난 오니기리가 동생 몫과 내 몫으로 두 개씩 놓여 있을 때가 있었다.

"앗, 아빠의 오무스비다!"

'오늘은 아버지가 오후에 출근하시는 날이구나' 생각하면서 아버지가 출근하기 전에 만들어둔 짭조름한 주먹밥을 베어 문다. 우리는 아버지의 주먹밥을 오무스비라고 불렀다. 오니기리나 오무스비나 똑같이 주먹밥을 의미하지만, 지역이나 가정에 따라 호칭이 달라진다. 안에 아무것도 들어 있지 않은 아버지의 소금 오무스비는 늘 완벽한 정삼각형이다. 아버지의 오무스비를 좋아했던 나는 고등학생 때부터 매일 아침 어머니와 도시락을 싸면서 오무스비 만드는 연습을 했다. 나는 아버지처럼 정삼각형 모양을 내고 싶었지만, 어머니는 왼손잡이여서 만들기 힘들다며 고집스럽게 동그란 오니기리를 만들었다. 결국 나도 어머니의 동그란 오니기리를 따라할 수밖에 없었다. 결국 결혼한 후에야 아버지의 세모난 오무스비를 예쁘게 만들 수 있게 되었다. 하지만 엄마의 마음이 다 그렇듯 나 역시 세모난 오무스비에 영양이 풍부한 재료를 듬뿍 넣는다.

"다음 주 월요일까지 아몬드 케이크 네 개랑 애플파이 여덟 개, 구워줄 수 있어?"

연말이나 크리스마스가 다가오면 어머니는 아버지에게 포장하기 좋고 오래 보관할 수 있는 케이크를 부탁하곤 했다. 가까운 사람들에게 나눠줄 선물이다. 그러면 아버지는 달력을 한참 들여다보고는 흔쾌히 어머니의 부탁을 들어주었다. 옆에서 부모님의 대화를 듣고 있던 내가 "그럼 나도 도울래!" 하고 끼어들었다. 얼마나 도움이 될까 싶지만, 그래도 아버지는 중학생인 내게 파이 반죽법, 사과 조리는 법, 달걀과 버터를 섞을 때의 요령 등을 가르쳤다. 크레이프를 촉촉하게 굽는 법이나 가스레인지 3구를 동시에 사용하는 요령도 그때 배웠다. 요식업에 종사하는 탓에 좀처럼 얻기 힘든 쉬는 일요일. 아버지가 좋아하는 베토벤 교향곡이 흘러나오는 레스토랑 주방에서 우리는 사과를 자르고 조리고, 파이지를 주무르고 펴는 작업을 묵묵히 반복했다.

　　　20대에는 요리의 길을 가지 않겠다고 굳게 다짐하던 나는 지금 연희동에서 요리를 밑천 삼아 살아가고 있다. 지칠 때면 아버지와 함께 굽던 향긋한 애플파이 냄새를 떠올리며 힘을 내본다. 그래, 아버지의 레시피는 내 마음의 양식이기도 하다.

어머니의 아침 식탁

이자카야 요리

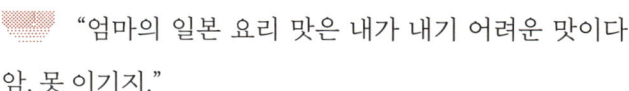

"엄마의 일본 요리 맛은 내가 내기 어려운 맛이다. 암, 못 이기지."

아버지는 늘 그렇게 말했다. 내가 그 말뜻을 비로소 이해하게 됐을 때 어머니는 중증 치매를 앓아 딸에게 요리 맛을 전할 능력을 잃었다.

대학 재학 중 1년간 교환학생으로 옛 동독 지역에 머물게 되었다. 독일로 떠나기 전까지 대학 생활이며 동아리, 아르바이트로 정신없이 바빴다. 어머니가 매일 아침밥을 차려주었지만, 아침에 만든 오니기리나 토마토, 피망, 햄, 치즈를 올려 구운 피자 토스트 정도만 간신히 입에 넣고 집을 나섰다. 어머니는 대학생 딸을 향해 어쩌면 그럴 수 있나 싶은 얼굴로 한마디 했다.

"그렇게 일본 요리도 문화도 제대로 못 배우고 외국에 나가 어쩌니. 독일에 가서 일본에 대해서 잘 이야기할 수 있겠어?"

그런 어머니 걱정은 나 몰라라 하고 나는 로스토크로 떠났다. 아버지가 말한 '엄마의 일본 요리 맛'도, 일본 요리의 기본인 다시 우리는 법도 제대로 모르던 시절이었다. 문득, 어머니가 해주시던 우동 맛이 그리워져서 일본에서 가져간 이나니와稲庭 우동 건면과 다시 분말로 우동을 끓여 공산주의 치하의 동독에서 어렵게 구한 양파와 당근을 넣고 달걀을 휘휘 풀어 룸메이트 미하엘라와 후후 불며 먹었다. 분말로 끓인 국물이 엄마의 맛은 아니었겠지만, 어머니가 늘 끓이던 쯔유 맛과 똑같이 느껴졌다. 국물 맛이 혀에서 뇌로 전해지며 행복한 기억이 어렴풋이 떠올랐다. 부모님 곁을 떠나니 그제야 밥반찬이 그리워졌다.

내가 요리교실을 시작한 뒤부터 아버지가 이로도리의 문을 닫을 때까지, 아버지와 나는 서로의 레시피를 메일로 주고받았다. "이거 어떨까? 좀 부족할까?" 하며 레시피 검토를 부탁하기도 했다. 본가에 가면 늘 주방에서 일을 도왔기에 아버지 요리는 잘 안다고 말할 수 있었다. 그런데 어머니의 일본 요리를 제대로 기록해둔 레시피 노트는 수중에 한 권도 남아 있지 않았다. 맛은 기억이라고 내 한국 요리 스승님은 말씀하신다. 그럴지도 모르지만, 그래도 기록된 뭔가가 남아 있다면 어머니가 안 계신 지금, 상실감이나 후회를 덜고 어머니와의 연결고리를 확인할 수 있을 텐데. 어쩌면 나는 내 안에 남은 어머니 요리를 잊지 않기 위해 서울에서 일본 요리의 맛을 전하려 하는지도 모르겠다.

아버지는 일하던 레스토랑 주방에서 낮에 주부를 위한 요리교실을 열곤 했다. 당시 요리교실에서 사용한 레시피를 모은 등사판 소책자 『나카가와 요리교실中川料理教室』을 넘겨보면 참 재밌다. 가정에서도 쉽게 만들 수 있는 옥수수 크림수프나 햄버그 같은 쇼와시대 서양 요리 레시피 사이사이 스부타(탕수육)며 가부라무시(순무찜), 교자,

돼지고기 팽이버섯 볶음, 삼겹살 콩조림, 닭고기 난반즈케 등 일본 요리 레시피가 불쑥불쑥 등장한다. 내가 운영하는 요리교실에서는 아버지의 레시피를 참고해 메뉴를 구성한 일본식 서양 요리 수업이 인기가 많다. 그래서일까.『나카가와 요리교실』을 바이블로 삼으면서도 거기 적힌 일본 요리 레시피에 큰 관심을 두지 않았다. 그러다 아버지의 일본 요리가 어머니 요리의 영향을 받았다는 걸 알게 되면서 다시 아버지의 레시피를 샅샅이 살폈다.

도쿄 후나보리에 있던 아버지의 마지막 레스토랑 이로도리의 레시피에는 오므라이스, 나폴리탄 스파게티, 가리비 테린, 스테이크 같은 일본식 서양 요리 레시피가 들어 있다. 소스 가쓰동, 치킨 모로미야키(모로미 간장으로 만든 데리야키 요리), 간장으로 맛을 낸 생선 파피요트, 로스트비프 덮밥, 굴을 얹은 마전, 소고기 김치 꼬치구이, 흑돼지 연근 겨자 튀김, 가지 니비타시(간장 조림), 오징어 훈제 샐러드, 바지락 야나가와풍(우엉과 함께 달달하게 조린 뒤 달걀을 풀어 넣는 나베 요리), 나메로(생선이나 고기를 다져 된장에 버무린 것), 가지 소면, 푸른 차조기 다레즈케(양념 절임), 만능 낫토 소스, 대합 소금구이… 그야말로 유라쿠초 이자카야 메뉴가 아닌가? 가지 소면이나 만능 낫토 소스는 대체 어떤 맛일까? 치매 때문에 어디까지 대답을 해주실지는 모르겠지만, 다음에 가나자와에 가면 아버지께 꼭 여쭤보아야겠다.

어머니 사십구일재 때 오랜만에 뵌 아버지에게 물었다.
"엄마의 일본 요리 맛은 흉내 못 낸다고 전에 그랬잖아. 엄마 요리 중에서 뭐가 제일 맛있었어?"
"그야 가지 요리지. 가지 니비타시 같은 거. 네 엄마는 좀처럼 요리를 맵게 안 하는데 하나는 꼭 맵게 했거든. 두반장 가지볶음. 맛있었지."
아내가 만들어준 칼칼한 가지볶음이 떠올랐는지, 아버지는 눈웃음을 지으며 말을 이었다.
"참. 그 두반장 넣은 매운 가지볶음은 나도 가끔 만든다. 그래도 역시 네 엄마 맛은 안 난달까. 여름 가지가 나올 땐 가지 니비타시도 만들고."
오랜만에 어머니의 가지 요리로 이야기꽃을 피웠다. 엄마가 갑작스럽게 돌아가신 후 치매 아내를 마지막까지 돌본 아버지는 상실감에 힘들어했다. 장례식 직후부터

행동이 부쩍 이상해지더니 결국 초기 치매 진단을 받았다. 아내를 잃고 급격히 치매가 진행된 것이다. 그래도 건강한 시절의 어머니가 하루 중 유일하게 남편과 함께한 아침 식탁에 올린 일본 반찬의 맛을 아버지는 아직 똑똑히 기억하고 있다.

예순다섯에 유명 골프 리조트의 총요리장으로 정년퇴직한 뒤로 아버지는 정통 풀코스 요리는 만들지 않았다. 그 무렵부터 콩소메 수프도 끓이지 않았던 것 같다. 열여덟에 도쿄로 상경해 첫 직장인 YMCA 주방에서 익힌 옥수수 크림수프와 단호박 수프만 줄곧 만들었다.

"네 아빠, 이제 전처럼 프랑스 요리 못 만든다. 싸구려 이자카야 안주 같은 것만 만든다니까? 아이고 정말!"

어머니는 그 사실이 영 불만인 모양이었다. 그래도 아버지의 흑돼지 연근 겨자 튀김이나 가지 요리 레시피는 어머니의 요리와는 어딘가 다르다. 그리고 딸을 보러 서울에 왔을 때 맛본 한국 요리가 떠올랐는지 전이나 김치를 사용한 안주도 들어 있다. 정통파 프랑스 요리를 정년까지 제대로 만든 아버지이기에 이류 일본 요리든 프랑스 요리든 거리낄 것 없이 만들었다. 그나저나 셰프의 딸인 내게

본업 요리가 뭐냐고 누군가 묻는다면 뭐라고 답해야 하나? 후회해도 늦었지만… 아니, 아직 안 늦었다! 어디 가서 2년쯤 수련이라도 하고 오면 어떨까? 예순을 코앞에 둔 나이에 문득 생각해본다.

셋이 함께 둘러앉은 밤

프렌치드레싱

아버지의 야식 메뉴는 늘 한결같았다. 마지막 손님이 떠난 밤 10시쯤, 아버지는 이로도리의 셔터를 내리고 양상추와 토마토, 오이 등 그날 쓰고 남은 재료를 비닐봉지에 담아 집으로 귀가했다. 그러고는 곧장 부엌으로 직행해 샐러드를 만들었다. 가게에서 미리 손질해둔 채소를 비닐봉지에서 꺼내 그릇에 담은 뒤, 냉장고 속을 지긋이 들여다보고 랩에 싸둔 훈제연어를 꺼내는 아버지. 숙련된 손길로 연어를 먹기 좋게 찢어 채소 위에 토핑으로 올리고,

다시 냉장고를 열어 당신의 특제 프렌치드레싱을 꺼내 샐러드에 듬뿍 뿌리고, 싱글싱글 웃으며 맥주 캔을 따는 아버지. 어느 날은 부엌 구석에 숨겨놓은 고구마 소주를 얼음이 담긴 잔에 기울이기도 하면서.

　　　이처럼 평온한 아버지를 본 것은 아버지가 일흔 넘어 마지막 레스토랑을 꾸리면서부터다. 20대에 집을 떠나 마흔에 요리계로 뛰어든 딸은, 좀 더 일찍 아버지와 이런저런 요리 이야기를 나누지 못한 것이 아쉽기만 했다.

　　"나도 한잔 마실까?"
　　　아이들을 데리고 친정에 머물 때, 이로도리 일을 돕지 않는 날이면 아이들을 재워놓고 어머니와 둘이 아버지가 오시길 기다렸다. 아버지가 간접 조명만 켠 어둑한 부엌에서 부스럭부스럭 움직이기 시작하면 나는 부엌 테이블에 자리를 잡고 샐러드가 완성되기를 기다렸다. 때로는 저녁에 먹었던 음식을 데우거나, 낮에 시내 백화점 식품관에서 사온 프랑스 치즈를 자르기도 하면서.
　　"아휴. 술꾼들끼리 파티라도 열 모양이네. 히데코, 와인은 한 병으로 끝내!"
　　　텔레비전을 보며 어머니가 한마디 하신다. 아이고,

귀 따가워라.

"네네. 걱정 붙들어 매세요. 엄마도 와인 한 잔?"

어머니가 잠깐 뜸을 들이다 대답했다.

"아직 10시니까 한 잔만 마실까? 작은 잔에 조금만 따라주렴."

결국 어머니까지 합세해 부엌 테이블에 셋이 둘러앉아 홀짝홀짝 마시기 시작한다. 아버지 귀가를 기다리며 꾸벅꾸벅 졸던 어머니는 와인을 한 잔 목으로 흘려 넘기고는 이내 잘 준비를 시작했다. 어머니는 원래 술을 즐기지 않았다. 아니, 정확히는 술을 드시려 하지 않았다. 내가 어렸을 때부터 어머니는 목욕 후 때때로 장난감 같은 미니 캔맥주를 홀짝거리기는 했어도 식사 때는 술을 거의 입에 대지 않았다. 그래도 기분이 좋을 때면 아버지의 야식 타임에 함께했다.

깐깐한 어머니는 잔을 받으면서도 남편이나 딸에게 술을 따라주진 않았다. 술꾼은 알아서 따라 먹어야지, 남한테 술 따르는 건 경박하지, 하고 생각했던 걸까? 돌아가신 어머니께 꼭 물어보고 싶은 것 중 하나다. 이제 와 생각해보니 아버지의 마지막 레스토랑이었던 이로도리에서의 10년이 내가 부모님과 평온한 시간을 보냈던 마지막 한

때였던 것 같다.

　　나카가와 레스토랑 시절에는 주방 구석에서 설거지나 재료 준비를 돕던 어머니였지만 이로도리에서는 주방이나 카운터 일을 돕지 않았다. 60대 후반이라 그럴 기력도 체력도 없었을 것이다.
　　"이런 주방에서 어디 요리 공부가 되겠니? 소꿉놀이 같지. 제대로 요리 학교에 보냈더라면 좋았을 텐데."
　　가끔 친정에 와서 레스토랑 일을 돕는 마흔 넘은 딸에게 어머니는 또다시 잔소리를 흘렸다. 그래서 서울에서 요리교실을 시작한 것도 비밀로 했었는데, 레시피를 상의하는 등 아버지와 연락할 일이 잦아지면서 결국 들통이 나고 말았다.
　　"히데코 네가 요리교실을 열다니. 왠지 한국분들께 죄송하네."
　　딸이 요리교실을 주관한다는 걸 알고 난 뒤로 어머니는 기회가 있으면 조용히 꾸지람을 늘어놓았다.

　　나의 요리교실이 4년째로 접어들던 2011년 3월. 동일본대지진이 일어났다. 지금도 선명하게 기억하는 그날은 마침 일본인 학교 어머니들을 위한 요리교실이 있었다. 다 같이 뒷정리를 하는데 일본 대사관에서 보낸 긴급 메시지가 휴대전화에 들어왔고, 모두 황급히 요리교실을 떠났다. 도쿄 도심도 꽤 흔들렸다고 했다. 서울에 사는 내게는 어딘지 남의 일처럼 느껴졌지만, 대지진은 어머니에게 깊은 트라우마를 남겼고, 그 충격으로 인해 슬며시 둥지를 틀듯 치매가 진행되었다. 초기 증상인 우울증이 심해지자 결국 아버지는 도쿄를 떠나야 했다.

레스토랑을 정리한 부모님은 도쿄에서 전철로 한 시간 거리에 있는 태평양 연안의 조용한 마을 오이소大磯로 이사했다. 원래 바닷가 피서지로 유명한 오이소의 하늘은 언제 봐도 늘 새파란 것이, 꼭 바르셀로나 하늘 같았다. 오래된 단독주택을 임대해 살며 아버지는 작은 부엌을 자신의 주방으로 삼았다. 정확히는 어머니의 작은 부엌에 커다란 오븐을 놓고 냉장고를 함께 쓴 것이지만.

"어머. 누가 내 요구르트를 여기다 뒀지?"
"당신이 어제 거기 뒀겠지."
"난 여기 안 뒀는데? 당신이 이쪽으로 옮겼지!"
가끔 오이소 집에 가면 냉장고 앞에서 두 분이 한바

탕 싸움을 벌이고 계셨다. 웃음이 터지는 내용이었지만, 자기가 재료를 어디 두는지, 랩으로 뭘 싸두었는지조차 기억 못 하는 어머니는 그 무렵 급격히 치매가 악화되어 있었다. 환각, 망상, 흥분 등 치매 초기 증상이 나타났고, 걸핏하면 아버지한테 화를 냈다. 1년에 몇 번 그 모습을 보는 나는 어머니가 이해되지 않아 번번이 말다툼을 했다. 부모님과 함께 살던 남동생이 그런 나를 타일렀다.

"누나. 엄마가 그러는 건 치매 증상이라 어쩔 수 없어. 이해 좀 해드려. 엄마랑 싸우지 마."

머리로는 알면서도 마음은 따라가질 못했다. 어머니가 문을 제대로 닫지 않고 뭔가를 끊임없이 찾던 냉장고. 그 냉장고에도 아버지의 프렌치드레싱은 늘 상비되어 있었다.

오이소로 이사한 뒤 자기 시간이 가장 많아진 아버지는 자전거를 타고 낯선 동네 이곳저곳을 돌아보고, 때로는 지역 동사무소에 가서 보육원 같은 곳에 조리사 자리가 없는지 물어보았다고 한다. 치매인 아내와 그 무렵 함께 살던 아들, 두 사람만을 위해 작은 주방에서 요리하는 게 못내 허전했던 걸까. 아버지는 요리로 사람들을 즐겁게 해주고 싶다는 본능에 가까운 신념을 끝끝내 관철하려 했다.

'그래도 곧 여든이 되시는데…' 하고 번번이 거절당한 아버지는 아내를 돌보며 60년의 기록을 컴퓨터로 정리하는 작업에 착수했다. 여러 주방을 두루 경험한 아버지는 그때마다 메뉴 레시피를 노트에 적거나 워드프로세서에 입력했다. 그 기록을 체계적으로 정리하려 한 것이다.

오랜 세월 함께해온 동반자가 완전히 달라지는 모습을 똑똑히 지켜보면서, 냉장고 앞에서 말다툼을 벌이면서도 끝까지 따뜻하게 아내를 대한 아버지. 그런 아버지가 유일하게 스트레스를 푸는 때가 바로 레시피를 정리하는 시간이었으리라. 내가 서울 요리교실에서 쓰려고 프랑스 요리나 일본식 서양 요리, 샐러드나 디저트 레시피를 적다 말고 '아빠라면 이걸 어떻게 할까?' 하며 전화나 메일로 조언을 구할 때마다 아버지는 그야말로 신나게 레시피를 설명했다.

그리고 다시 10년이 지난 2021년. 오이소와 가나자와, 서울에 흩어져 살던 우리 가족은 팬데믹을 겪으며 늙은 부모님을 그저 걱정만 할 수 없는 상황에 맞닥뜨렸다.

진행을 늦추는 약을 복용했다지만 어머니의 치매는 갈수록 심해졌고, 부모님은 남동생이 사는 가나자와로 다시 이사해야 했다. 이사를 거듭하는 아버지에게 끌려다니듯 살아온 어머니의 인생. 그래도 어머니는 끝까지 아버지를 믿고 의지했다.

아버지의 마지막 주방이 된 가나자와 맨션의 부엌. 증상이 심해진 어머니는 아버지가 하루 세 번 차리는 식사를 종일 앉아 기다릴 뿐이었다. 가끔 기분이 좋을 때는 일어나 설거지를 하면서. 아버지 전용 냉장고에는 치즈, 프로슈토 햄, 소시지, 토마토, 양상추, 달걀이 늘 들어 있었다. 물론 특제 프렌치드레싱이 든 유리병도. 오이소에서 가나자와까지 가져간 것이다. 평소 어머니는 배가 차가워진다며 양상추 샐러드를 좋아하지 않았는데, 가나자와 집에서는 오후 5시에 아버지가 좋아하는 고구마소주 미즈와리(얼음과 찬물에 주류를 타서 마시는 방법)와 함께 양상추 샐러드, 치즈, 가끔은 훈제연어가 식탁에 올랐다. 아버지 맞은편에 앉은 어머니 앞에는 작은 와인잔에 레드와인이 따라져 있었다.

자그마한 볼에 식초, 디종 머스터드, 잘게 다진 소

금을 넣어 섞고, 오일을 조금씩 더하며 거품기로 슥슥 섞어준다. 그렇게 유화된 프렌치드레싱을 언제든 쓸 수 있게 병에 채워둔다. 요즘 들어 아버지의 프렌치드레싱 맛이 그리워져 요리교실에서 다 같이 만들고 있다. 작년에 어머니 1주기로 가나자와에 갔을 때의 일이다.

"아빠. 인스타그램이라는 게 있는데, 거기서 셰프였던 아버지께 질문이나 하고 싶은 말이 있으면 해달라고 요청했거든. 근데 생각보다 반응이 좋았어."

귀가 부쩍 어두워진 아버지에게 큰 목소리로 또박또박 설명해본다.

"그런데 말이지. 질문은 아니지만, 요리교실 학생분이 인스타그램에서 히데코 요리교실 학생들에게 보내고 싶은 메시지가 있으면 부탁드린대. 뭐든 좋으니 한말씀 부탁합니다!"

"그 인스타그램이라는 게 뭐냐?"

"뭐 그런 게 있다고 생각하고!"

"그렇구나? 음⋯."

아버지는 한동안 생각에 잠겼다.

"여러분, 가정에서 할 수 있는 요리는 제대로 배워둬야 합니다. 호화로운 재료보다 쉽게 구할 수 있는 재료

로 잘 궁리해서 만드는 게 중요하죠. 다 되어 있는 걸 사와서 먹지 않도록 합시다."

어째 내가 혼나는 기분이었다. 그래, 먼저 드레싱부터. 아버지의 프렌치드레싱을 슥슥 섞어 만들어보자. 간편하고 응용도 만점인 드레싱이니까.

세상 누구에게나 천직이 있다면, 아버지의 천직은 요리이리라. 어머니가 돌아가신 뒤 손자를 위해 옥수수 크림수프를 끓이고, 양로원에서는 입주자와 직원들을 위해 커스터드푸딩을 찌는 아버지가 아닌가. 가끔 베샤멜소스를 태워 크림수프가 씁쓸해지기도 하는 모양이지만, 그래도 마냥 천진난만한 아버지는 올해 6월에 91세가 되셨다.

recipe

레시피

레시피는 중요하지만 중요하지 않다고

요리교실에서 늘 이야기한다.

꼭 레시피에 매몰되는 것보다 자신의 개성,

재료의 특성, 경험에서 우러나온 지혜를

과감히 살려보는 것도 좋겠다.

4-6인분

옥수수 크림수프

재료 크림 스타일 옥수수 통조림 1캔(400g), 양파 1개, 올리브 오일 1큰술, 닭 육수 또는 채소 육수 1L, 월계수 잎 2장, 소금, 후추, 설탕 약간, 생크림 50ml
베샤멜소스 버터 50g, 밀가루(박력분) 75g, 우유 500ml

1. 먼저 베샤멜소스를 만든다. 소스 팬에 버터를 타지 않도록 녹인 후 밀가루를 넣고 약불에서 잘 섞는다. 밀가루가 고슬고슬하게 볶아지면 우유를 넣어 크림 상태로 갠 후 나무 주걱으로 저으며 약불에서 보글보글 끓인다.
2. 양파를 얇게 썬다. 다른 냄비에 올리브 오일을 넣어 가열한 후 중불에서 양파를 볶는다. 여기에 통조림 옥수수를 넣어 가볍게 볶다가 닭 육수와 월계수 잎을 넣는다. 끓어오르면 약불로 줄여서 20분 정도 푹 끓인다.
3. 2에서 월계수 잎을 제거하여 핸드믹서로 곱게 간 후 다시 냄비에 붓고 1의 베샤멜소스를 넣어 약불에서 섞어준다. 농도는 우유나 육수로 조절하고, 소금, 후추, 설탕으로 기호에 따라 간을 맞춘다. 마지막으로 생크림을 넣는다.

크림 스타일 옥수수 통조림(콘크림)을 사용한다.

4인분

바지락 차우더

재료

바지락 200g, 화이트와인 100ml, 양파 1개(200g), 대파 흰 부분 1대, 베이컨 50g, 감자 2개, 버터 2큰술(24g), 월계수 잎 1장, 세이지 잎 2~3장, 우유 1~2컵, 소금과 후추 약간, 소다크래커 적당량, 허브 적당량
베샤멜소스 버터 50g, 밀가루(박력분) 75g, 우유 500ml

1. 소금물에 해감한 바지락을 깨끗하게 씻는다. 냄비에 바지락과 화이트와인을 넣고 뚜껑을 덮은 후 바지락이 입을 벌릴 때까지 중불에서 살짝 삶는다. 삶아진 바지락은 다른 그릇에 담고, 바지락 육수는 따로 보관한다.
2. 양파, 대파, 베이컨은 1cm 크기로 깍둑썰기하고, 감자는 껍질을 벗긴 후 2cm 크기로 깍둑썰기해둔다.
3. 베샤멜소스를 만든다. 소스 팬에 버터를 타지 않도록 녹인 후 밀가루를 넣고 약불에서 잘 섞는다. 밀가루가 고슬고슬하게 볶아지면 우유를 넣어 크림 상태로 갠 후 나무 주걱으로 저으면서 약불에서 보글보글 끓인다.
4. 바닥이 깊은 냄비를 중불에 올려 버터를 녹인 뒤 베이컨을 넣어 볶는다. 베이컨에서 기름이 나오기 시작하면 양파를 넣고 강불에서 볶는다. 양파가 어느 정도 익으면 중불로 줄이고 감자와 대파를 넣은 후 살짝 볶는다.
5. 4의 냄비에 바지락 육수를 넣고 끓어오르면 거품을 걷어낸다. 월계수 잎을 넣고 10분간 더 끓인다.
6. 3의 베샤멜소스를 냄비에 넣고 채소가 부서지지 않게 잘 섞는다. 여기에 발라둔 바지락 살과 세이지 잎을 찢어 넣은 후 우유를 추가하면서 소금과 후추로 간한다. 마지막에 소다크래커를 넣는다.
7. 완성된 바지락 차우더에 파슬리나 좋아하는 허브를 뿌려 낸다.

4인분

에그 그라탱

재료 삶은 달걀 4개, 양파 1개, 햄 4장, 닭 정육 300g, 양송이버섯 6개, 파스타(펜네) 250g, 그뤼에르 치즈, 다진 파슬리, 화이트와인 1/2컵, 월계수 잎, 소금, 후추, 버터 50g, 밀가루 50g, 우유 500~700ml

1. 양파는 얇게 채 썰고 햄과 닭고기는 잘게 자른다. 양송이버섯도 얇게 썬다. 달걀은 세로로 반으로 가른다.
2. 냄비에 버터를 넣고 양파를 볶는다. 양파가 부드러워지면 닭고기를 넣고 볶다가 화이트와인을 붓고 월계수 잎, 소금, 후추를 넣은 다음 밀가루를 더해 볶는다. 우유도 넣고 크림 상태가 되면 양송이버섯과 햄을 더하고 섞는다.
3. 펜네는 알덴테보다 부드러울 정도로 삶는다.
4. 오븐 용기에 2와 3을 섞어 담고 달걀을 얹는다. 그뤼에르 치즈를 뿌리고 오븐(그릴)에서 200°C에서 10분 정도(치즈가 살짝 탈 정도) 굽는다.
5. 오븐에서 꺼낸 그라탱에 후추나 다진 파슬리 등을 뿌려서 낸다.

콩소메 수프

4인분

재료: 양파 1/4개, 당근 1/4개, 셀러리 1/4개, 방울토마토 4개, 닭 안심 다짐육 200g, 달걀흰자 1개분, 비프 부용 3컵(한우 맑은 육수도 가능), 소금 약간

1. 모든 채소는 얇게 썬다.
2. 냄비에 닭고기와 흰자를 넣고 손으로 잘 섞어준다.
3. 2에 얇게 썰어둔 채소를 더한 후 비프 부용을 넣는다. 중불에서 섞으면서 한소끔 끓이고, 약불에서 20분 정도 더 끓인다.
4. 3을 면포를 깐 체에 걸러 맑은 국물을 낸다.
5. 맑은 국물을 냄비에 넣고 소금으로 간하며 데운다.

1인분

플레인 오믈렛

재료 달걀 3개, 생크림 1큰술, 소금 1/2작은술, 식용유 1작은술, 버터 1큰술 (12g)

1. 작은 볼에 달걀, 생크림, 소금을 넣은 후 거품이 일지 않도록 살살 풀어 달걀물을 만들어둔다.
2. 잘 달궈진 프라이팬에 식용유를 넉넉하게 부어 프라이팬 표면에 골고루 입힌 후, 여분의 기름은 따라낸다. 여기에 버터를 넣어 타지 않도록 녹인다.
3. 1의 풀어둔 달걀을 프라이팬에 한 번에 다 붓는다. 약불에서 프라이팬과 포크를 동시에 움직여 재빨리 달걀을 뒤섞는다.
4. 달걀이 반숙 상태로 익으면 포크를 이용해서 몸 가까운 쪽에서 시작해 먼 쪽을 향해 달걀을 접어나간다. 이때 포크에 식용유를 살짝 묻히면 깨끗하게 뒤집어진다.
5. 프라이팬 손잡이 쪽이 위로, 반대편이 아래로 향하도록 프라이팬을 기울여서 왼손으로 손잡이를 잡고 오른손에 포크를 들고 프라이팬 손잡이를 두드리며 계속 접어간다. 포크로 모양을 다듬어가면서 달걀 겉면이 살짝 짙은 노란색이 될 때까지 익힌다.
6. 프라이팬을 오른손으로 옮겨 들고, 접시를 왼손으로 든다. 프라이팬을 뒤집어 완성된 오믈렛을 접시에 올린다.

12개

비엔나롤빵

재료 식빵 3~4장, 비엔나소시지 12개, 디종 머스터드 또는 연겨자 약간

1. 식빵 가장자리를 잘라내고 4등분한다.
2. 식빵 한쪽 면의 한가운데에만 디종 머스터드를 바르고 비엔나소시지를 올려 말아준 후 이쑤시개를 꽂아 움직이지 않도록 고정시켜 비엔나롤 모양을 완성한다. 매운맛을 좋아한다면 머스터드 대신 연겨자를 써도 된다.
3. 냄비에 식용유를 붓고 강한 불에서 170°C까지 가열한다. 튀김용 나무젓가락을 담갔을 때 끝에 작은 거품이 생기면 비엔나롤을 하나씩 넣고, 나무젓가락으로 살살 뒤집어가면서 식빵이 노르스름해질 때까지 튀긴다.

7개
아버지의 카나페

오이와 연어알

재료 청오이 1개, 화이트와인 비니거 적당히, 연어알 50g, 처빌(혹은 다양한 허브)

1. 오이는 3cm 두께로 썰어 가운데 씨 부분을 둥글게 파낸다. 이때 아래 1cm 정도는 남겨둔다.
2. 파낸 오이 옆면을 뾰족뾰족하게 칼로 깎아 모양을 낸다.
3. 손질을 마친 오이에 화이트와인 비니거를 뿌려 살짝 절인다.
4. 4에 연어알을 소복하게 담고 처빌을 올려 장식한다.
5. 먹기 직전에 비니거를 조금 더 뿌려줘도 좋다.

연어와 크래커

재료 연어100g, 크래커, 딜
소스 마요네즈 2큰술, 스리라차 소스(칠리소스) 1큰술, 화이트 발사믹 1작은술, 레몬즙 1작은술, 소금, 후추, 기호에 따라 설탕 약간, 딜

1. 연어는 1cm 크기로 깍둑썰기하고 딜은 잘게 다져준다.
2. 볼에 소스 재료를 넣고 잘 섞어준 뒤 1을 넣어 버무려준다.
3. 크래커에 2를 올리고 딜을 올려 마무리한다.

2인분

나폴리탄 스파게티

재료

양파 작은 것 1개, 피망 2개, 베이컨 40g, 비엔나소시지 3개, 마늘 1/2쪽, 올리브 오일 1큰술, 스파게티 면 160g, 스파게티용 소금 1큰술, 버터 1큰술, 소금과 후추 약간, 치즈 가루 적당량, 다진 파슬리 적당량, 굵은 흑후추 적당량
스파게티 소스 케첩 6큰술, 토마토퓌레 1큰술, 물 2큰술

1. 양파는 세로로 반을 갈라 심을 제거하고, 피망은 꼭지와 씨를 제거한 후 각각 5~6mm 폭으로 채썰기한다. 베이컨도 5~6mm 폭으로 썰어둔다. 비엔나소시지는 비스듬하게 5~6mm로 썰고, 마늘은 식칼을 눕혀 칼편으로 가볍게 두드려서 으깬다.
2. 스파게티 소스 재료인 케첩, 토마토퓌레, 물을 미리 섞어둔다.
3. 1을 볶기 전에 스파게티 면 삶을 물을 미리 끓인다. 스파게티 면은 끓는 물에 소금 1큰술을 넣고 포장지에 표시된 시간대로 삶는다.
4. 프라이팬에 올리브 오일과 마늘을 넣어 중불로 가열하면서 향이 올라오기 시작하면 양파를 넣어 2분 동안 볶는다. 여기에 베이컨, 비엔나소시지를 넣고 2분 더 볶는다. 다시 피망을 넣고 3분간 볶는다.
5. 재료가 전체적으로 갈색을 띠면 일단 불을 끄고 소금과 후추를 조금 뿌리고 잘 섞어준다.
6. 2를 프라이팬에 넣고 섞은 후 약불로 데운다.
7. 스파게티 면이 익으면 체에 밭쳐 물기를 완전히 제거한 후 다른 프라이팬으로 옮겨 버터와 후추를 넉넉하게 뿌리고 잘 섞어준다. 버터가 녹아서 면에 골고루 밴 다음, 6의 소스를 듬뿍 끼얹고 취향에 따라 다진 파슬리나 치즈 가루, 굵게 간 흑후추 등을 뿌린다.

토마토 스파게티

2인분

재료 피망 2개, 가지 1개, 오징어 1마리, 올리브 오일 2큰술, 토마토 퐁뒤 2컵, 스파게티 면 160g, 스파게티용 소금 1큰술, 버터 2큰술, 소금과 후추 약간, 다진 파슬리 적당량, 치즈 가루 적당량

1. 피망은 꼭지와 씨를 제거하고 채썰기로 썬다. 가지는 반달썰기해서 소금을 뿌려둔다. 가지에서 수분이 배어나면 가볍게 짜둔다.
2. 오징어는 연골과 내장을 제거한 다음에 몸통, 귀, 다리를 각각 분리한다. 오징어의 겉껍질을 벗긴 후 몸통과 귀는 1cm 두께로 썬다(몸통은 링모양으로 썰어도 좋다). 다리는 5cm 길이로 썬다. 손질을 마친 오징어를 끓는 물에 살짝 데친다.
3. 프라이팬에 올리브 오일을 두르고 중불로 달군 후 가지부터 볶는다. 가지가 말랑말랑해지면 피망을 넣고 빠르게 볶는다.
4. 냄비에 만들어둔 토마토 퐁뒤를 넣고 3의 볶은 채소를 넣은 후 중불에서 5분간 끓인다.
5. 오징어는 한번 데친 것이므로 불을 끄기 직전 오징어를 넣고 소금과 후추로 간한다.
6. 스파게티 면은 끓는 물에 소금 1큰술을 넣고 포장지에 표시된 시간대로 삶는다.
7. 삶은 스파게티 면을 버터에 볶아 접시에 담고, 5의 소스를 듬뿍 끼얹고 다진 파슬리와 치즈 가루를 기호에 맞게 뿌린다.

토마토 퐁뒤 800ml

 양파 2개, 마늘 6쪽, 완숙 토마토 10개, 올리브 오일 4큰술, 화이트와인 1컵, 월계수 잎 2장, 소금 약간

1. 양파와 마늘을 잘게 다진다. 토마토는 껍질에 열십자(+)로 칼집을 내어 뜨거운 물에 살짝 담가 껍질을 벗기고 씨를 제거한 후 다진다.
2. 냄비에 올리브 오일을 붓고 중불로 가열한 후 양파, 마늘 순으로 넣고 재료가 부드러워질 때까지 볶는다.
3. 여기에 다져놓은 토마토, 화이트와인, 월계수 잎, 소금 약간을 넣고 20분간 푹 끓인다.
4. 이렇게 만들어진 토마토 퐁뒤는 5일 정도 냉장 보관이 가능하다. 당장 쓸 것이 아니라면 냉동실에 보관한다.

4인분

햄버그스테이크

재료 양파 1개, 버터 1큰술, 식빵 2장, 우유 적당량(손으로 찢은 식빵이 잠길 정도로 준비), 다진 고기 600g(소고기 300g와 돼지고기 300g), 소금 1/2큰술, 후추 약간, 토마토케첩 1큰술, 우스터소스 1큰술, 너트맥 1작은술, 밀가루 약간(반죽을 달라붙지 않게 하는 용도), 올리브 오일 1~2큰술
곁들이는 채소 감자, 당근, 그린빈, 브로콜리 등 기호에 맞는 채소
소스 레드와인 100ml, 케첩 50ml, 우스터소스 50ml, 설탕 1큰술, 간장 1큰술, 버터 10g

1. 양파를 다진다. 프라이팬에 버터 1큰술을 넣고 강불에서 양파가 부드러워질 때까지 볶은 후 불을 끄고 그대로 두어 열을 식힌다.
2. 식빵은 손으로 찢어서 볼에 넣고, 빵이 잠길 정도로 우유를 부어 부드럽게 만든다.
3. 그사이 소스를 만든다. 팬에 레드와인을 붓고 강중불로 끓인 다음 약불로 1분 정도 졸인다. 버터를 제외한 나머지 재료를 더하여 타지 않게 젓고 살짝 걸쭉해질 때까지 졸인다. 여기에 버터를 넣고 녹을 때까지 끓인다.
4. 브로콜리는 먹기 좋게 손질하여 소금을 약간 넣은 물에 2분간 익힌다. 기호에 따라 버터 한 조각을 넣고 불을 끈 상태에서 그대로 둔다.
5. 볼에 다진 고기, 양파, 2의 식빵, 소금 1/2큰술과 후추, 토마토케첩, 우스터소스, 너트맥을 넣는다. 점성이 생겨서 귓불 정도의 강도가 될 때까지 손으로 충분히 반죽한다.
6. 손에 식용유를 조금 묻혀서 반죽을 6등분한 후 둥글게 뭉친다. 캐치볼을 하듯 양손으로 반죽을 던지고 받으며 공기를 완벽히 뺀다. 공기를 뺀 반죽을 타원형으로 만들어서 달라붙지 않도록 얇게 밀가루를 묻히고 가운

데를 가볍게 눌러 살짝 오목하게 만든다.
7   프라이팬에 올리브 오일 1큰술을 넣고 중불에서 가열한 후 기름이 골고루 퍼지면 반죽의 파인 부분이 위로 향하도록 놓고 강불에서 굽는다. 뒷면 전체가 노르스름하게 구워지면 뒤집는다. 뚜껑을 덮고 속까지 잘 익도록 약불에서 5~7분 동안 굽는다.
8   고기 반죽 표면에 투명한 즙이 배어나고 손가락으로 살짝 눌렀을 때 탄력이 느껴지면 불을 끄고 햄버그스테이크를 꺼내 접시에 올린다.
9   팬에 남아 있는 육즙에 3의 소스를 넣고 걸쭉해질 때까지 졸인 후 햄버그스테이크에 뿌려준다.
10 브로콜리 등 곁들이는 채소와 함께 낸다.

4인분

파인애플 포크소테

재료 돼지고기(목살) 8조각(1조각에 100g 기준), 소금과 후추 약간, 밀가루 적당량, 올리브 오일 1큰술, 파인애플 슬라이스 8조각
소스 우스터소스 4큰술, 토마토퓌레 1컵, 케첩 4큰술, 화이트와인(또는 청주) 1컵, 간장 2작은술, 소금 약간, 겨자 취향에 따라 적당량

1. 돼지고기에 소금과 후추를 뿌려 밑간한 후 양면에 밀가루를 얇게 입힌다.
2. 소스 재료인 우스터소스, 토마토퓌레, 케첩, 화이트와인, 간장, 소금, 겨자 등을 넣어 소스를 만든다.
3. 프라이팬에 올리브 오일을 두르고 중불로 가열한 후 1의 돼지고기를 넣는다. 강불로 굽기 시작해서 돼지고기 양면이 노르스름해지면 중불로 줄인다. 돼지고기 위에 파인애플 슬라이스를 올리고 뚜껑을 덮어 약불에서 2분 정도 속까지 잘 익힌다.
4. 잘 구워진 돼지고기를 접시에 올리고 프라이팬에 남아 있는 파인애플에 2의 소스를 넣고 약불에서 한소끔 끓인다. 소금과 후추로 소스의 간을 맞춘 후 구운 돼지고기 위에 올린다.

4인분

게살 크림 크로켓

재료 게살 150g, 양파 1개, 초당옥수수 알갱이 1대(또는 통조림 1/2통), 올리브 오일 1큰술, 화이트와인 50ml, 소금 1/2작은술, 후추 약간, 소금과 후추 약간
베샤멜소스 버터 50g, 밀가루(박력분) 100g, 우유 300ml, 소금 1/2작은술
튀김옷 밀가루 1/2컵, 달걀 2개, 빵가루 3~4컵

1. 게살은 손으로 찢고 양파는 곱게 다진다. 옥수수는 알갱이만 따놓는다.
2. 베샤멜소스를 다음과 같이 만든다. 소스 팬에 버터를 타지 않도록 녹인 후 밀가루를 넣고 약불에서 잘 저어준다. 밀가루가 고슬고슬하게 볶아지면 우유를 넣고 소금으로 간하면서 크림 상태로 만든 후 약불로 보글보글 끓인다. 이때 수프용보다 되게 만들어야 한다.
3. 프라이팬에 올리브 오일을 두르고 중불로 달군 후 양파의 색이 변하지 않도록 조심스럽게 볶는다. 여기에 찢은 게살과 옥수수 알갱이를 넣고 가볍게 볶은 후에 화이트와인, 소금 1/2작은술, 후추를 넣고 중불에서 수분을 증발시킨다.
4. 2의 베샤멜소스와 뜨거운 상태의 3을 섞고 소금과 후추로 간을 맞추면서 잘 뒤섞는다. 쟁반에 옮겨 냉장고에서 2~3시간 굳힌다.
5. 뭉칠 수 있을 정도로 굳었다면 8등분으로 나눠서 취향대로 모양을 빚는다. 빚어놓은 반죽에 밀가루, 달걀물, 빵가루 순서로 옷을 입혀 180°C의 식용유에 노르스름해지도록 튀긴다.

4인분

비프스튜

재료

소고기 600g, 소금과 후추 약간, 밀가루 약간, 식용유 조금, 레드와인 2컵
소스 토마토퓌레 1컵, 케첩 1/2컵, 물 2컵, 우스터소스 1/2컵, 월계수 잎 3장, 고형 수프 1~2개
소스용 채소 당근 1개, 양파 1개, 셀러리 1대
건더기용 채소 감자, 양송이버섯, 당근, 브로콜리 등 좋아하는 채소

1. 소고기는 100g씩 자른 후 다시 각각 3등분한다. 소금과 후추를 뿌리고 밀가루를 얇게 입힌다. 소스용 채소인 당근, 양파, 셀러리는 굵게 다진다.
2. 달군 프라이팬에 식용유를 살짝 두르고 강불에서 1의 소고기를 표면만 노릇노릇하게 색이 잘 입혀지도록 굽는다.
3. 구운 소고기를 냄비에 옮겨 담은 후 레드와인을 뿌리고 소스 재료인 토마토퓌레, 케첩, 물, 우스터소스, 월계수 잎, 고형 수프를 넣어 중불에서 한소끔 끓인다.
4. 2의 프라이팬에 식용유를 조금 더 붓고 소스용 채소인 당근, 양파, 셀러리가 반투명해질 때까지 중불에서 볶는다. 볶은 채소를 3의 냄비로 옮겨 조금 센 약불에서 1시간 정도 푹 끓인다.
5. 냄비에서 소고기만 꺼내고 냄비에 남아 있는 채소를 핸드믹서로 갈아 부드러운 소스로 만든 후 소금과 후추로 간한다.
6. 인원수와 기호에 따라 당근, 감자, 브로콜리 등을 한입 크기로 썬 후 부서지지 않도록 모서리를 다듬은 다음 미리 소금물에 삶아둔다. 양송이버섯은 올리브 오일이나 버터로 살짝 볶아둔다.
7. 5의 냄비에서 꺼냈던 소고기와 6의 건더기용 채소를 넣고 한소끔 더 끓인 후 따뜻하게 데워둔 스튜 접시에 담는다.

4~6인분

비프 카레

재료 소고기 양지머리 1kg, 소금, 후추, 밀가루, 올리브 오일, 사과 1개, 당근 1개, 셀러리 2개, 소고기 양지머리 육수 600ml
카레 소스 마늘 20g, 생강 20g, 양파 2개, 올리브 오일 80ml, 카레 가루 40g, 밀가루 40g
곁들이는 채소 감자, 당근, 브로콜리, 양송이버섯 6~7개, 올리브 오일 1큰술, 버터 1큰술
양념 토마토퓌레 100ml, 레드와인 50ml, 케첩 2큰술, 돈가스 소스 2큰술, 소금 1큰술

1 소고기에 소금, 후추, 카레 가루, 밀가루를 뿌려둔다.
2 사과와 당근은 껍질을 벗겨 강판에 간다. 셀러리는 껍질을 까서 잘게 다진다.
3 카레 소스를 만든다. 냄비에 올리브 오일을 두르고 다진 마늘을 넣는다. 마늘 향이 나면 다진 생강과 양파를 넣고 30분 정도 갈색이 날 때까지 볶는다. 카레 가루와 밀가루를 더해가며 타지 않게 볶는다.
4 냄비에 올리브 오일을 두르고 소고기를 겉이 노릇하게 굽는다.
5 고기가 잠길 정도로 육수를 넣고 10분 정도 끓인다. 이후 2와 3을 모두 넣고 약불로 30분간 끓인다. 카레 소스에 밀가루가 들어 있으므로 바닥에 눌어붙지 않게 가끔 나무 주걱으로 저어준다.
6 냄비 불을 끄고 고기만 건져낸 다음, 남은 건더기를 핸드믹서로 간다.
7 건진 고기를 다시 냄비에 넣은 후, 양념 재료까지 모두 넣고 약불에 20분 정도 끓인다.
8 그사이 곁들이는 채소를 준비한다. 감자는 껍질을 까서 찌거나 오븐에

굽는다. 당근과 브로콜리는 끓는 소금물에 기호에 맞게 데친다. 양송이 버섯은 반으로 잘라 올리브 오일과 버터를 두른 팬에 볶는다.

9 그릇 절반에 밥을 담고 반대쪽에 카레를 담아 낸다. 카레 위에 곁들이는 채소를 올리면 완성.

돈가스 덮밥

4인분

재료 돼지고기(안심) 350g, 양배추 1/4개(250g), 소금과 후추 약간, 밥 4공기
소스 청주 200ml, 간장 200ml, 설탕 80g, 돈가스 소스 60ml
튀김옷 밀가루 1/2컵, 달걀 2개, 빵가루 3~4컵

1. 냄비에 소스 재료를 넣고 약불에서 10분 정도 끓인 후 그대로 식힌다. 걸쭉한 소스를 좋아한다면 5분 정도 더 끓여도 된다. 간을 보고 짜면 물을 넣어 희석한 후 약간 더 졸여본다.
2. 양배추는 채썰기해서 냉수에 담근다. 아삭해지면 물기를 탈탈 털어낸다.
3. 돼지고기 안심은 1.5cm 두께로 썬다. 폭이 좁은 끝부분은 조금 두껍게 썰고, 가운데 부분에 깊게 칼집을 넣어 펼쳐서 크기를 맞춘다. 손바닥으로 눌러 고기의 두께를 정리한 후 소금과 후추로 밑간한다.
4. 고기에 밀가루를 골고루 묻힌 후 여분의 밀가루를 충분히 털어준 다음 달걀물을 골고루 묻혀서 빵가루 위에 올리고, 그 위로 빵가루를 덮어 오른손으로 가볍게 누른다. 나머지 고기도 똑같은 순서로 튀김옷을 입힌다.
5. 160℃의 식용유에 튀김옷을 입힌 고기를 넣는다. 한 번에 튀기는 양은 고기가 겹치지 않을 정도가 적당하다. 골고루 잘 익도록 중간중간 뒤집어가면서 4~5분 정도 천천히 튀긴다. 기름의 거품이 줄고 고기가 떠오르면 불을 세게 해서 바삭하고 노릇노릇하게 튀겨낸다.
6. 튀긴 고기를 1의 소스에 담갔다가 꺼낸다.
7. 찬합이나 덮밥 그릇에 밥을 담고 소스를 뿌린 후, 양배추로 완전히 덮은 다음 한입 크기로 자른 돈가스를 빼곡하게 올린다. 마지막으로 돈가스 위에 다시 소스를 뿌린다. 기호에 따라 김 가루를 뿌려도 맛있다.

로스트 치킨

4인분

재료 닭 1마리(1kg 정도), 소금, 후추, 타임 2~3줄, 올리브 오일 50ml
곁들임 레몬 조각, 파슬리

1. 닭은 한 번 씻어서 물기를 닦고 소금, 후추를 골고루 바른다.
2. 다리를 요리용 실로 묶는다. 올리브 오일을 전체적으로 바르고 210℃로 예열한 오븐에 넣고 30분 동안 굽고, 온도를 180℃로 낮춰서 10분간 더 굽는다.
3. 노릇하게 구워진 닭고기를 꺼내 다리 끝부분을 호일로 감싼 뒤 리본으로 예쁘게 묶어준다.
4. 레몬 조각, 파슬리 등으로 장식하여 낸다.

8인분

로스트비프 덮밥

재료 등심이나 채끝, 보섭살 등 좋아하는 소고기 1kg(덩어리로), 소금, 후추, 요리용 끈, 올리브 오일, 밥, 와사비, 상추 또는 깻잎
소스 A) 맛술 200ml, 간장 200ml, 설탕 100g
   B) 생강 30g, 마늘 10g

1. 고깃덩어리를 끈으로 묶고 소금, 후추를 뿌려 문지른다.
2. 스테이크용 무쇠팬에 올리브 오일을 두르고 고기를 겉만 튀기듯이 굽는다.
3. 200℃로 예열한 오븐에 2의 팬을 넣고 15분간 굽다가 온도를 180℃로 내리고 호일을 덮어 10분 더 굽는다. 오븐에서 꺼낸 고기를 호일로 감싸 레스팅한다.
4. 소스 재료인 마늘과 생강을 믹서에 간다. 냄비에 맛술과 간장, 설탕을 넣고 한소끔 끓인다. 여기에 간 생강과 마늘을 더해 용기에 담아둔다.
5. 레스팅을 마친 로스트비프를 얇게 자른다.
6. 흰밥에 소스를 뿌리고 고기를 올린 다음 소스를 뿌리고 와사비를 얹어 낸다.

로스트비프는 너무 적은 양을 만들면 고기가 퍽퍽해져서 맛을 내기 힘들다. 한 번에 넉넉히 만들어두고 다용도로 사용해보자. 275페이지에 실려 있는 로스트비프 샐러드를 만들어도 좋다.
로스트비프를 만든 후 1~2시간 레스팅해야 슬라이스하기 좋은 상태가 된다. 하지만 따뜻할 때 먹고 싶다면 약간 두껍게 잘라도 괜찮다.

2~4인분

가자미 버터 구이

재료 가자미(또는 좋아하는 흰살생선) 큰 것 1마리 또는 작은 것 2마리, 소금, 후추, 밀가루 적당량, 올리브 오일 1큰술, 버터 50g, 화이트와인 또는 청주 2~4큰술, 화이트와인 비니거 1큰술, 레몬 조각

1. 생선은 내장과 비늘 등을 제거하고 흐르는 물에 잘 씻는다. 물기를 닦은 후 소금, 후추, 밀가루 순서로 뿌린다.
2. 팬에 올리브 오일을 두르고 불을 켜기 전 생선을 껍질 쪽을 아래로 두어 얹는다. 불을 켜고 중약불로 천천히 구워낸다. 이때 팬에 생기는 기름을 키친타월로 중간중간 닦는다.
3. 껍질 쪽이 노릇해지면 생선을 뒤집어 중약불로 노릇하게 굽는다.
4. 팬에 남아 있는 기름을 닦고, 버터를 더해 고소한 향이 나면 비니거, 화이트와인 순으로 넣는다.
5. 팬을 흔들면서 버터 맛이 잘 배어들게 조린다.
6. 그릇에 담고 레몬 조각을 곁들여 낸다.

레드와인 젤리

2개

재료

판 젤라틴 2장(4g), 물 100ml, 설탕 40g, 레드와인 100ml(취향에 따라 와인의 농도를 정한다), 레몬 슬라이스 2조각, 생크림 적당량, 민트 잎 약간

1. 판 젤라틴을 물에 담가 부드러워지면 꽉 짜둔다.
2. 물, 레드와인, 설탕을 냄비에 넣고 중불로 끓인다.
3. 끓어오르기 직전에 레몬 조각을 넣고 다시 끓어오르면 불을 끄고 젤라틴을 넣는다.
4. 젤라틴이 완전히 녹을 때까지 나무 주걱으로 잘 젓는다.
5. 식으면 틀에 넣어 냉장고에서 한나절이나 하루 동안 굳힌다.
6. 먹기 직전에 휘핑크림이나 민트 잎 등으로 장식한다.

판 젤라틴을 쓸 경우, 겨울에는 물과 와인(또는 주스)200ml에 판 젤라틴 1장, 여름에는 2장을 기준으로 한다. 만일 젤라틴 가루를 쓴다면 물 200ml에 젤라틴 가루 4~5g을 사용하면 된다.

4인분

크렘 앙글레즈 파르페

재료

크렘 앙글레즈 바닐라빈 1/4개(또는 바닐라 에센스 적당량), 우유 2컵, 달걀노른자 4개, 설탕 60g
파르페 바나나, 딸기, 체리 등의 과일, 카스텔라, 아이스크림 등
좋아하는 리큐어 약간

1. 바닐라빈은 세로로 길게 자르고 칼끝으로 긁어낸 속을 우유와 함께 작은 냄비에 넣어 끓어오르기 직전까지 끓인다.
2. 볼에 달걀노른자를 넣고 거품기로 풀어준 후 설탕을 넣으면서 약간 흰빛이 돌 때까지 섞는다.
3. 2에 1을 넣는다.
4. 3을 냄비에 옮겨서 잘 저어가며 약불에 익힌다. 이때 절대 끓어오르지 않도록 주의한다.
5. 4가 살짝 걸쭉해지면 불을 끈다. (바닐라빈 대신 바닐라 에센스를 사용할 경우, 이 시점에서 바닐라 에센스 적당량을 넣는다)
6. 4를 냉장고에서 차갑게 식힌다.
7. 유리 그릇에 카스텔라를 깔고, 아이스크림을 올린 다음 크렘 앙글레즈를 뿌린다. 한입 크기로 자른 바나나나 딸기 등 좋아하는 과일을 얹고 다시 크렘 앙글레즈를 뿌린다. 취향에 따라 마지막에 리큐어를 더 뿌려도 좋다.

6~8인분

요구르트 케이크

재료 판 젤라틴 10g, 우유 100ml, 설탕 120g, 플레인 요구르트 500ml, 레몬 1개, 생크림 200ml, 과일 또는 민트 잎 약간

1. 판 젤라틴을 물에 담가 부드러워지면 힘껏 짜둔다.
2. 냄비에 우유와 설탕을 넣고 약불로 가열한다. 설탕이 녹아 보글보글 끓어오르면 물기를 제거한 젤라틴을 넣고 바로 불을 끈다. 젤라틴이 녹으면 열기를 식힌다.
3. 볼에 플레인 요구르트, 레몬즙과 잘게 다진 레몬 껍질을 넣고 2를 넣어 섞는다.
4. 3을 체에 걸러 다른 그릇에 담은 후 식힌다.
5. 생크림을 거품기나 핸드믹서로 7분 정도 부드럽게 거품을 내고, 4의 요구르트에 점성이 생기면 생크림을 섞은 후 틀(1L 틀 또는 1인분 틀 사용)에 부어 냉장고에서 굳힌다.
6. 틀에서 요구르트 케이크를 꺼내 접시에 담고 과일과 민트 등의 허브를 곁들인다.

4조각

자몽 젤리 바스켓

재료 자몽 1개, 자몽즙+자몽 주스 300ml, 설탕 20~30g, 판 젤라틴 4장(1장 2g 기준, 혹은 젤라틴 가루 8g), 민트 잎 약간

1. 자몽은 위에서 1cm 정도를 잘라내고 작은 칼이나 숟가락으로 알맹이를 파낸 후 자몽 껍질 안쪽을 깨끗이 제거한다. 파낸 과육은 짜서 즙으로 만든다. 자몽 껍질은 바스켓으로, 잘라둔 끝부분은 뚜껑으로 쓰이므로 잘 보관한다.
2. 자몽즙에 자몽 주스를 더하여 총 300ml가 되도록 한다.
3. 냄비에 2와 설탕을 넣고 중불로 끓인다. 끓어오르면 불을 끄고 젤라틴을 넣는다(판 젤라틴을 사용할 경우에는 물에 담가 부드러워지면 물기를 꼭 짜서 사용한다).
4. 젤라틴이 완전히 녹을 때까지 나무 주걱으로 부지런히 젓는다.
5. 4가 식으면 만들어둔 1의 자몽 바스켓에 젤라틴 녹인 것을 붓고 뚜껑을 덮어 냉장고에서 한나절 이상 굳힌다.
6. 굳은 자몽 젤리 바스켓을 잘라 접시에 담고 민트 잎으로 장식한다.

15장

크레이프

재료
밀가루(박력분) 230~250g, 달걀 4개, 우유 500ml, 버터 4큰술(50g), 소금 약간, 식용유 1큰술
크레이프 소스 머스터드, 케첩, 사워크림, 소금, 후추, 사과 콩포트, 시나몬 파우더, 생크림, 초콜릿 시럽, 좋아하는 잼 등
크레이프 속 재료 로스햄, 파스트라미, 살라미, 데친 소시지, 모르타델라, 에멘탈이나 고다 치즈 슬라이스, 강낭콩, 데친 아스파라거스, 각종 샐러드 채소, 피클, 오이, 고추, 고수, 바질, 루콜라, 바나나, 딸기, 오렌지, 자몽 등

1. 밀가루는 체로 한 번 친다. 버터는 중탕이나 전자레인지로 녹여둔다.
2. 달걀을 깨서 볼에 넣고 거품이 나지 않도록 가볍게 풀어준 후, 체에 친 밀가루를 섞는다. 여기에 우유를 조금씩 넣으면서 잘 섞는다. 녹인 버터, 소금, 식용유를 넣고 섞은 후 2시간 정도 냉장고에 넣어둔다(반죽 속 밀가루가 뭉치면 기포가 생길 수 있으니 반드시 체에 거른다).
3. 프라이팬을 강불로 달궈 식용유를 두른 후 키친타월로 가볍게 기름기를 닦아낸다. 약불로 조절한 후 국자 하나 분량의 반죽을 프라이팬에 붓고 프라이팬을 살살 돌리면서 반죽을 평평하게 펴준다. 몇 번 반복하다 보면 곧 능숙해진다.
4. 중불로 가열하다가 반죽 주변부가 익기 시작하면 약불로 줄인다. 반죽 테두리를 주걱 등으로 가볍게 떼어내고, 이쑤시개 등으로 살짝 들어 올려 손으로 뒤집는다. 뜨거우므로 화상을 입지 않도록 주의한다.
5. 뒷면을 약불에서 5분 정도 구우면 크레이프가 완성된다.
6. 구워둔 크레이프에 좋아하는 소스나 속 재료를 올린 후 두 번 연속으로 접어 크레이프 특유의 부채꼴 모양을 만든다. 브리토처럼 둘둘 싸도 좋다.

커스터드푸딩

6개

재료 우유 400ml, 생크림 100ml, 달걀 3개+노른자 2개, 설탕 150g, 바닐라 에센스 2~3방울
캐러멜 설탕 100g+물 2큰술

1. 캐러멜 소스를 만든다. 한손잡이 냄비나 팬에 분량의 설탕과 물을 넣고 강불로 끓인다. 그런 다음 중간불로 유지하면 점차 걸쭉해지다가 가장자리부터 갈색으로 변한다. 냄비를 잡아 흔들면서 연기가 나기 시작하면 곧바로 불을 끈다. 준비해둔 푸딩 용기에 붓는다.
2. 준비해둔 달걀 3개와 노른자 섞은 것을 거품기로 풀고 설탕을 섞는다. 이때 거품이 생기지 않도록 주의한다.
3. 2의 볼에 우유를 붓고 체로 거른 다음 바닐라 에센스를 뿌린다.
4. 1의 캐러멜 위에 붓고 180℃로 예열한 오븐에서 중탕으로 30분간 찐다(찜통에서 쪄도 된다).

소금 오니기리

4개

재료 쌀 2컵(300g), 물 180ml, 다시마 조각 3×3cm 1장, 소금 1큰술, 얼음물, 깨끗한 행주

1. 맛있는 소금 오니기리를 만들기 위해 필요한 것은 갓 지은 밥과 소금(가능하면 천연 소금), 얼음물과 깨끗한 행주뿐이다. 소금 오니기리의 재료는 밥과 소금이 전부이기에 밥의 맛을 최대한 끌어내는 게 중요하다. 따라서 쌀은 쌀뜨물이 나오지 않을 때까지 깨끗이 씻고 체에 밭쳐 30분간 물기를 뺀 다음, 전기밥솥에 쌀과 물, 다시마를 넣어 흰쌀밥 버튼을 누르고 밥을 짓는다.
   또한 갓 지은 밥을 손으로 직접 만져야 하는 만큼 화상에도 주의해야 한다. 밥을 뭉치기 직전에 손을 10초 정도 차가운 얼음물에 담갔다가 재빨리 깨끗한 행주로 물기를 어느 정도 제거한다. 손에 물기가 잔뜩 남은 상태로 오니기리를 만들면 실패하기 쉽다. 그리고 갓 지은 밥은 손에 물기가 없어도 밥알이 손에 달라붙지 않으므로 너무 걱정하지 않아도 된다.

2. 소금 분량은 다음과 같이 한다: 밥 한 공기 분량일 때 1자밤(대체로 0.4~0.5g)이 적당하다. 얼음물의 물기를 살짝 닦아낸 후 세 손가락으로 집은 소금을 양 손바닥에 펼친다. 이때 주의할 점은 곧바로 먹을 경우 소금 1자밤 분량이 적당하지만, 식은 후에 먹을 때는 짠맛이 약하게 느껴지므로 소금을 조금 더 넣어야 한다.

3. 밥을 뭉치는 방법은 다음과 같이 한다: 처음 밥을 뭉칠 때는 모양에 크게 신경 쓰지 말고 밥알이 서로 잘 뭉쳐지도록 부드럽게 모은다. 밥이 뭉쳐지면 오른손을 산 모양으로 접어서 삼각형 윗부분을 만들고, 왼손으로 바닥을 만든다는 기분으로 돌려가면서 몇 차례 주무른다(이때 힘을 너

무 많이 주지 않도록 주의한다). 밥이 부드럽게 뭉쳐졌다면 오니기리의 측면을 매끈하게 펴주고(손 위에 오니기리를 눕혀서 위아래로 부드럽게 눌러가며 모양을 정리한다), 마지막으로 다시 한번 밥을 가볍게 쥐면 오니기리가 완성된다.

'물기를 어느 정도 제거한다'는 말은 손이 완전히 건조된 상태를 의미하지 않는다. 소금 오니기리는 소금을 손바닥에 뿌려서 만들기 때문에 그 소금이 양손에 잘 배어들 정도로 약간의 촉촉함이 손에 남아 있는 정도가 좋다. 얼음물로 손을 식혔는데도 밥알이 너무 뜨겁게 느껴진다면 무리하지 말고 도마나 그릇에 옮겨 열을 조금 식힌 후에 만든다.

20cm 2개

애플파이

파이지

재료 박력분 250g, 버터 145g, 냉수 70~80ml, 강력분 약간(반죽이 들러붙지 않게 뿌리는 용도)

1. 바삭한 식감을 위해 박력분을 체로 쳐둔다.
2. 볼에 1의 밀가루와 작게 자른 차가운 버터를 준비한다. 버터를 손끝으로 눌러 으깨면서 밀가루에 섞는다. 이때 뭉치지 않도록 주의한다.
3. 버터 덩어리가 없어지면 양 손바닥으로 문지르듯 버터와 밀가루를 섞는다.
4. 밀가루와 버터가 섞여서 바슬바슬한 상태가 되면, 가운데에 구멍을 파서 그곳에 물을 조금씩 붓는다.
5. 밀가루에 물이 골고루 스며들면 손바닥으로 가볍게 눌러가며 반죽을 하나로 뭉친다.
6. 물기를 꽉 짠 젖은 행주로 5의 반죽을 감싸고, 다시 비닐봉지에 넣어 냉장고에서 1시간 정도 숙성시킨다.
7. 반죽을 도마 위에 올리고 밀방망이로 펴준다. 반죽이 방망이에 들러붙으면 강력분을 뿌린다.
8. 밀방망이로 반죽의 네 귀퉁이를 향해 밀어서 사각형으로 만든다.
9. 반죽을 3등분으로 접어서 90도 회전시킨다. 다시 밀방망이로 펴준다. 이 과정을 6번 반복한다.

10 대략 5회째부터 반죽이 부드러워진다. 반죽을 밀 때는 한 번에 세게 밀지 말고 밀방망이를 조금씩 움직여가면서 밀어주면 매끈하고 부드러운 파이지가 만들어진다. 도중에 반죽이 힘없이 늘어지면 냉장고에 10분 정도 넣었다가 다시 밀어야 한다.

11 반죽이 점점 아기 피부처럼 매끈해진다. 3등분으로 접을 때는 공기가 들어가지 않도록 누르면서 접는다. 이때 반죽을 너무 주무르면 늘어질 수 있으므로 재빠르게 작업한다. 이 과정이 끝나면 랩으로 싸서 냉장고에 1시간 이상, 혹은 하룻밤을 두어도 좋다.

사과 콩포트

재료 사과 2.4kg, 설탕 310g(사과 무게의 13%), 레몬 1개, 전분 2큰술, 물 2큰술, 시나몬 파우더 2큰술

1 1.5mm 정도의 두께로 자른 사과와 설탕을 냄비에 넣고 중불로 끓인다.
2 끓어오르면 나무 주걱으로 저어준 후 레몬 슬라이스를 넣고 5분 정도 더 끓인다.
3 전분과 물을 섞은 전분물을 넣고 사과가 으깨지지 않도록 살살 섞는다. 불을 끈 후 시나몬 파우더를 뿌린다.

파이 굽기

재료 파이지 반죽, 강력분 약간(반죽이 들러붙지 않게 뿌리는 용도), 팥 또는 병아리콩(파이지 초벌구이에 필요), 사과 콩포트, 달걀노른자 1개, 물 1작은술

1. 냉장고에 넣어두었던 파이지 반죽을 꺼내 2등분한다. 랩을 펴고 밀방망이에 강력분을 뿌린 후 반죽을 하나씩 얇게 펴준다. 파이지 1장을 파이틀에 깔아준다(랩째 뒤집어서 틀에 올리면 편하다).
2. 바닥 부분에 포크로 구멍을 몇 개만 내고 팥 또는 병아리콩을 깐다. 200℃로 예열한 오븐에 넣고 10분간 파이 바닥만 굽는다. 옅은 갈색이 되면 꺼내어 식힌다.
3. 완전히 식힌 사과 콩포트를 파이지 위에 수북하게 올린다.
4. 다른 한 장의 파이지를 다시 사과 콩포트 위에 덮고 펴주면서 파이지 테두리를 맞춘다. 굽는 도중 파이지가 서로 벌어지지 않도록 테두리를 포크로 꾹 눌러서 붙여준다.
5. 모양이 깨지지 않도록 파이지 중앙에 칼로 칼집을 넣어 공기구멍을 만든다. 위에 덮은 파이지는 격자무늬 모양으로 만들면 더 멋진 모양의 파이가 된다. 굽기 전, 볼에 달걀노른자와 물 1작은술을 넣어 섞은 달걀물을 윗면에 골고루 바른다.
6. 200℃로 예열한 오븐에서 10분, 180℃로 온도를 내려 다시 20~30분 정도 굽는다. 파이지가 노르스름하게 변하면서 좋은 향기가 나면 애플파이가 완성된 것이다.

아몬드 파운드케이크

600ml 2개

재료 달걀 4개(200g), 밀가루(박력분) 200g, 베이킹파우더 1/3작은술, 설탕 200g, 아몬드 파우더 60g, 버터 50g, 우유 60ml, 레몬 껍질 1/2개 분량, 레몬즙 2큰술, 아몬드 슬라이스 50g

1. 오븐을 180℃로 예열한다. 달걀은 노른자와 흰자를 분리한다. 버터는 사용하기 전에 미리 상온에 꺼내어둔다. 박력분과 아몬드 파우더를 섞어서 체에 친다.
2. 먼저 볼에 흰자와 분량의 설탕을 절반만 넣고 흐르지 않을 만큼(80% 정도) 충분히 거품을 낸다.
3. 다른 볼에 상온에서 말랑해진 버터를 넣고 핸드믹서로 섞어 크림 상태가 되면 남은 설탕을 여러 번 나눠 넣으면서 충분히 섞는다.
4. 3에 달걀노른자, 우유를 넣고 크림색이 될 때까지 충분히 섞은 후, 레몬즙과 레몬 껍질을 넣는다.
5. 4에 1의 박력분과 아몬드 파우더를 섞어서 체 친 것을 여러 번에 나눠 넣고, 2의 달걀흰자를 넣어 주걱으로 자르듯 섞어준다.
6. 사각형의 파운드케이크 틀 안쪽에 상온에서 녹여둔 버터를 바르고 5의 반죽을 붓고 틀 바닥을 통통 두드려서 공기를 뺀다. 반죽 위에 아몬드 슬라이스를 뿌려준 후 180℃의 오븐에서 30분 동안 굽는다.
7. 다 구워진 빵을 오븐에서 꺼내어 뜨거울 때 틀에서 분리해 상온에서 식힌 후 자른다.

딸기 오믈렛 케이크

4개

재료
반죽 밀가루 180g, 달걀 6개, 설탕 150g, 우유 3큰술, 바닐라 에센스 약간
토핑 생크림 100ml, 설탕 6큰술, 딸기 20개

1. 볼에 달걀흰자를 넣고 거품을 낸다.
2. 1에 달걀노른자와 설탕을 조금씩 넣어가며 계속 거품을 낸다.
3. 밀가루는 체에 한 번 친다.
4. 2의 볼에 우유, 바닐라 에센스를 더하여 주걱으로 재빨리 섞어 반죽한다.
5. 종이 호일에 직경 15cm 크기로 반죽을 펼쳐 찜기에 넣고 강불로 찐다. 원형 틀이 있다면 사용해도 좋다.
6. 볼에 생크림과 설탕을 넣고 거품을 낸다.
7. 반으로 가른 딸기와 생크림을 5에 넣고 오믈렛처럼 모양을 만든다.

베를리너 도넛

10개

재료

생지 강력분 500g, 흰설탕 40g, 드라이이스트 3g, 달걀 2개, 노른자 1개, 우유 125ml, 버터 100g, 레몬 제스트 1/2개분, 바닐라 에센스 약간, 소금 1/3작은술
속 재료 라즈베리 잼 50g(또는 냉동 라즈베리 100g+설탕 50g+한천 2g)
토핑 슈거 파우더

1. 우유는 따뜻하게 데우고 설탕과 이스트를 더해 잘 섞어 10분 정도 둔다.
2. 볼에 밀가루를 체에 치고 잘게 썬 버터를 더해 섞는다. 레몬, 소금, 바닐라 에센스를 넣고 섞는다.
3. 달걀은 잘 섞는다.
4. 2의 볼 가운데에 구멍을 만들어 1과 3을 붓고 반죽한다.
5. 4에 젖은 행주를 덮은 다음 40℃ 중탕으로 반죽이 2배 크기로 부풀 때까지 1차로 발효한다.
6. 5를 50g씩 동그랗게 빚어서 그대로 20분간 2차로 발효한다.
7. 150℃로 가열된 기름에 노릇하게 튀겨낸 후 건져서 키친타월에 올린다. 뜨거울 때 젓가락으로 구멍을 만들어둔다.
8. 7이 식으면 잼을 주입하고 슈거 파우더를 뿌린다.

2인분

흑돼지 연근 가라아게

재료
얇게 썬 흑돼지고기 200g, 연근 150g, 소금, 라임
양념 미소 2큰술, 연겨자 1작은술, 전분 가루 1작은술
튀김옷 밀가루 50g, 물 80g, 간장 1작은술
곁들이는 튀김 꽈리고추, 고구마 등 좋아하는 채소

1. 연근은 껍질을 벗기고 5mm로 썬다. 곁들이는 채소인 고구마는 껍질째 1cm 두께로 썬다.
2. 돼지고기에 소금을 약간 뿌려둔다.
3. 양념 재료를 한데 섞어서 연근 구멍에 바른 다음 고기로 감싸 밀가루를 묻혀둔다. 튀길 때 감싼 고기가 분리될 수 있으므로 이쑤시개를 꽂아 고정시킨 후 튀겨도 좋다.
4. 튀김옷 재료를 섞어둔다.
5. 180℃로 가열된 식용유에 손질한 고구마를 그대로 튀긴다.
6. 기름 온도를 170℃로 낮추고 튀김옷에 묻힌 3을 넣고 튀기다가 180℃로 올려서 노릇하게 튀겨낸다.
7. 고구마와 흑돼지 연근 가라아게를 접시에 담고 찍어 먹을 소금과 라임 조각을 곁들여 낸다.

4인분

가지 간장 조림

재료

가지 3개, 생강 10g
양념 다시 250ml, 맛술 50ml, 일본식 생간장 50ml, 마스코바도 설탕 2작은술
고명 다진 쪽파, 참깨

1. 가지는 꼭지를 떼고 세로로 2등분하고 다시 가로로 2등분하여 등에 칼집을 세세하게 넣는다.
2. 가지를 물에 10분간 담가두었다가 물기를 닦는다. 생강은 얇게 저민다.
3. 냄비에 식용유를 두르고 생강을 넣어 향이 나면 가지를 껍질 쪽부터 넣고 볶는다. 겉 전체가 노릇해지면 양념 재료를 붓는다. 그대로 3~4분 정도 중약불로 조린다.
4. 바로 먹어도 좋지만 3시간 정도 두었다가 먹으면 더 맛있다.

토마토 샐러드와 프렌치드레싱

2인분

재료 토마토 큰 것 3개, 양파 1/2개, 이탈리안 파슬리 적당량, 소금과 후추 약간
프렌치드레싱 올리브 오일 1컵, 화이트와인 비니거 1/2컵, 소금 1작은술, 후추 약간, 디종 머스터드 1큰술, 다진 양파 3큰술, 레몬즙 조금

1. 작은 볼에 프렌치드레싱 재료를 모두 넣고 섞는다. 먼저 화이트와인 비니거와 소금을 넣고 잘 섞어준다. 올리브 오일을 조금씩 넣어가며 유화시킨다. 드레싱은 오일을 마지막에 넣어가면서 섞어야 유화가 잘 된다.
2. 토마토는 꼭지를 제거한 후 껍질에 열십자(+) 모양으로 칼집을 낸다. 큰 국자에 손질한 토마토를 올린 후 뜨거운 물에 담근다. 토마토 껍질이 일어나기 시작하면 바로 찬물에 넣어 손으로 껍질을 벗겨낸다. 껍질 벗긴 토마토는 세로로 6~8등분하여 썬다.
3. 양파는 결을 따라 얇게 채 썰어 냉수에 담가둔다. 이탈리안 파슬리를 잘게 다진다.
4. 큰 볼에 모든 재료를 넣고 만들어둔 프렌치드레싱 3큰술을 넣어 가볍게 버무리고 파슬리를 뿌린다.

남은 프렌치드레싱은 용기에 담아 냉장고에 보관하면 다른 샐러드에도 활용할 수 있다. 일주일 정도 보관 가능하다.

시저 샐러드

4인분

재료
로메인 400g
드레싱 레몬즙 2큰술, 달걀노른자 1개, 간 양파 2큰술, 앤초비 2개, 마늘 오일 6큰술, 파마산 치즈 2큰술, 소금, 후추
마늘 오일 올리브 오일 100ml, 마늘 6쪽

1. 작은 냄비에 오일 100ml를 넣고 저민 마늘을 더하여 마늘이 갈색을 띨 때까지 가열한 다음 마늘을 건져내 마늘 오일을 만든다. 튀긴 마늘은 따로 보관한다.
2. 거품기로 모든 드레싱 재료를 섞어 드레싱을 만든다.
3. 접시에 로메인을 담고 드레싱을 뿌린 다음 튀긴 마늘을 올린다.

4인분
양상추 샐러드와 사우전드아일랜드 드레싱

재료 양상추 1통, 피망 1개
사우전드아일랜드 드레싱 삶은 달걀 1개, 양파 1/4개, 피클 2개, 그린 올리브 5개, 이탈리안 파슬리 3개, 레몬즙 1/2개, 마요네즈 1컵 반, 칠리소스 1/2컵, 소금과 후추 약간

1. 양상추는 깨끗하게 씻어서 먹기 좋은 적당한 크기로 찢는다. 피망은 씨를 제거하고 얇게 채 썬다.
2. 삶은 달걀, 양파, 피클, 그린 올리브, 이탈리안 파슬리를 곱게 다진다. 다진 재료를 작은 볼에 담은 후 나머지 재료인 레몬즙, 마요네즈, 칠리소스, 소금, 후추를 넣어 함께 섞어 사우전드아일랜드 드레싱을 만든다.
3. 1의 양상추와 피망을 접시에 담고, 사우전드아일랜드 드레싱은 다른 그릇에 따로 담는다.

4인분

감자 샐러드

재료

감자 4~5개, 식초 2작은술, 올리브 오일 2큰술, 소금 1/2작은술, 후추,
양파 1/2개, 소금 1/2작은술,
오이 1/3개, 당근 1/4개, 소금 2/3작은술,
잠봉 또는 로스햄 80g, 마요네즈 10큰술, 소금, 후추

1. 감자는 껍질째 물에 넣고 삶거나 찐다. 감자가 익으면 뜨거울 때 물기를 빼고 껍질을 벗겨 볼에 넣어 식감이 있도록 으깬다. 감자가 따뜻할 때 식초, 소금, 후추로 밑간하고 섞는다.
2. 당근은 얇게 채썰기하고 오이도 반달 모양으로 얇게 썰어 각각 소금에 절여둔다.
3. 양파는 결대로 얇게 썰어 소금에 절인다.
4. 햄은 얇게 채썰기한다.
5. 감자가 식으면 2, 3, 4의 재료를 더하여 마요네즈로 버무린다. 간을 보고 필요하다면 소금과 후추를 더한다.

2인분

카레향 로스트비프 샐러드

재료 로스트비프 슬라이스 200g, 샐러드 채소, 루콜라, 토마토 등 좋아하는 채소
드레싱 프렌치드레싱 1컵, 카레 가루 1큰술, 다진 마늘 1작은술, 강판으로 간 생강과 양파 약간, 소금 약간

1. 드레싱 재료를 섞어둔다.
2. 채소는 씻어서 물기를 제거한다. 토마토는 세로로 6~8등분한다.
3. 모든 재료를 그릇에 담아 드레싱을 뿌린다.

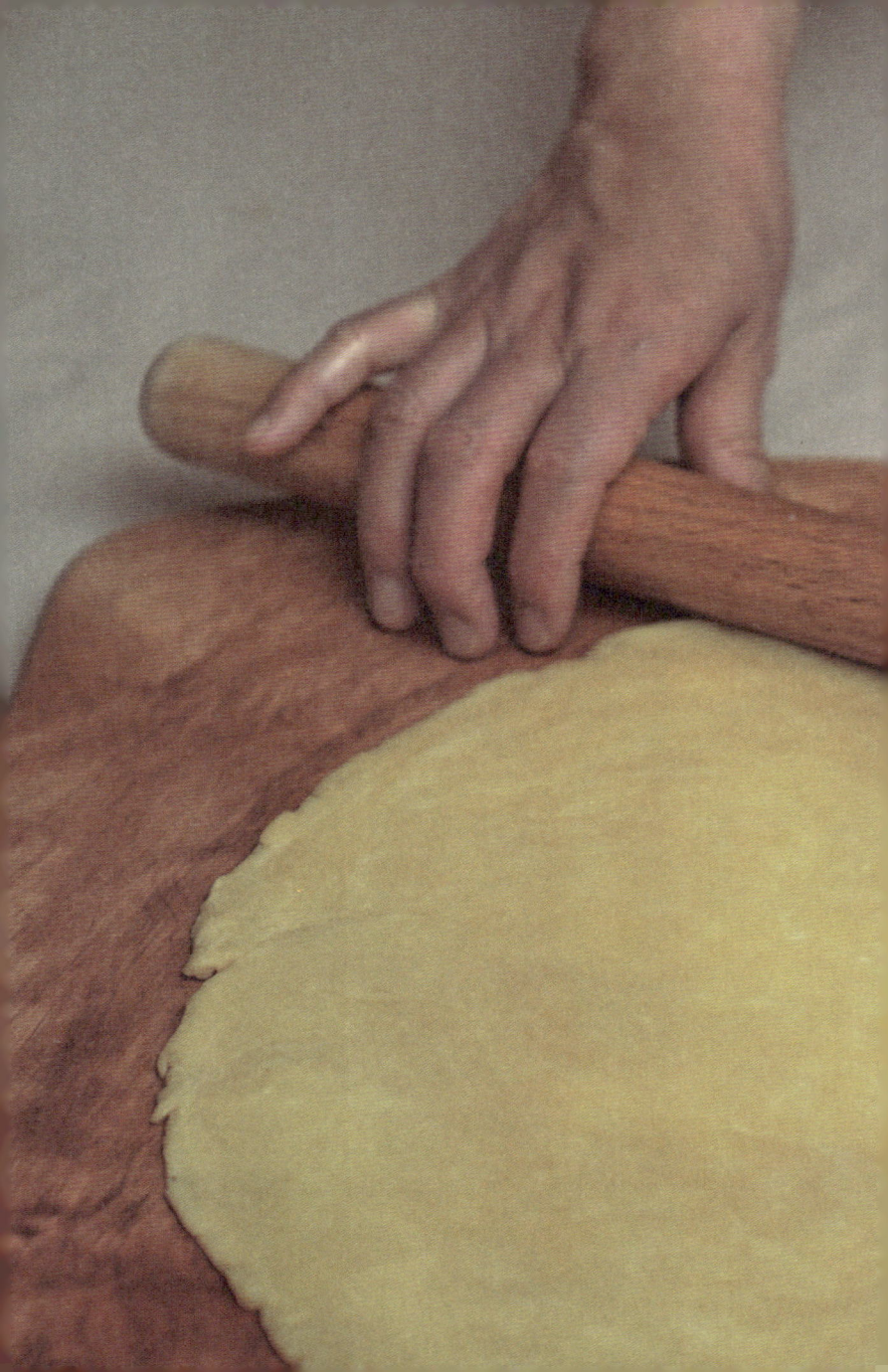

아버지의 레시피

1판 1쇄 펴낸 날 2025년 9월 17일

지은이 나카가와 히데코
펴낸이 박병진

편집 이승희
디자인 즐거운생활
사진 조진형
일본어 번역 김다미
요리 구르메레브쿠헨(김영주, 김은미, 정윤희, 하상옥, 박지훈)
제작 제이오

펴낸 곳 북스 레브쿠헨
출판등록 서대문구 2023-000092 **주소** 서울시 서대문구 연희로 11자길 9
이메일 books_lebkuchen@naver.com
블로그 blog.naver.com/books_lebkuchen
홈페이지 bookslebkuchen.com **인스타그램** @bookslebkuchen

이 책은 저작권법으로 보호받는 저작물이므로 무단 전재와 복제를 금지하며,
이 책의 내용 전부 또는 일부를 이용하려면 반드시 저작권자와 북스 레브쿠헨의
서면 동의를 받아야 합니다.

Copyright © BOOKS LEBKUCHEN, 2025

ISBN 979-11-985593-1-9 03810

북스 레브쿠헨은 아름다운 책을 만듭니다.